FEL MWCLIS

TORFAEN LIBRARIES
WITHDRAWN

Book No. 1496554

FEL MWCLIS

MARY HUGHES

bwthyn
GWASG Y BWTHYN

ⓗ Mary Hughes 2005 ©
Gwasg y Bwthyn

ISBN 1-904845-25-8

Cedwir pob hawl.
Ni chaniateir atgynhyrchu unrhyw ran o'r cyhoeddiad hwn na'i gadw mewn cyfundrefn adferadwy na'i drosglwyddo mewn unrhyw ddull na thrwy unrhyw gyfrwng electronig, electrostatig, tâp magnetig, mecanyddol, ffotogopïo, recordio, nac fel arall,
heb ganiatâd ymlaen llaw gan y cyhoeddwyr.

Cyhoeddir y llyfr hwn gyda chymorth ariannol
Cyngor Llyfrau Cymru

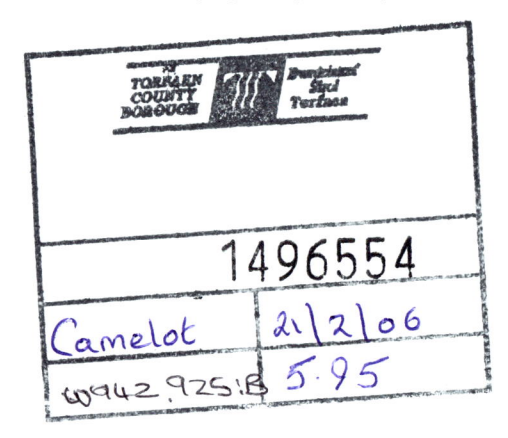

Cyhoeddwyd ac argraffwyd yng Nghymru
gan Wasg y Bwthyn, Caernarfon

CYDNABOD

Roedd hon yn gyfrol oedd yn mynnu cael ei 'sgrifennu, a'r atgofion yn sboncio i'r wyneb o hyd ac o hyd. Go brin, fodd bynnag, y buasai wedi cael gweld golau dydd, oni bai am eiriau caredig y tri sydd ar y clawr, a chefnogaeth glên Gwasg y Bwthyn.
'Rydw i'n ddiolchgar iawn iddynt i gyd.

I CIAN
– RHAG OFN Y BYDD ARNO
EISIAU GWYBOD

Wedi torri'r gadwen a'r mwclis yn sbedan i bob cyfeiriad, 'does wybod beth ddaw i'r fei wrth eu casglu . . .

Bûm yn meddwl lawer tro pam a sut y mae pobl yn cael eu cymell i ysgrifennu eu hunan-gofiant, ac ambell i waith wrth i mi adrodd rhyw hanesyn neu'i gilydd, bydd rhywun yn dweud, yn glên i gyd, "mi ddyliat ti sgwennu am hwnna," ond allaf i yn fy myw weld sut y byddai fy meddyliau na'm profiadau i o unrhyw ddiddordeb i neb arall. Meidrolyn cyffredin drybeilig, ac yn ferch i rieni cyffredin, wedi ei magu mewn cymdeithas oedd yn ddigon cyffredin hefyd wyf fi, er y mae'n debyg bod y fagwraeth a gefais yn wahanol i fagwraeth fy nghyfoedion mewn rhai pethau. Perthynwn i gymdogaeth o ddyddynwyr a ffermwyr bach, ac yr oedd bywydau pawb yn ddigon tebyg i'w gilydd. Portreadu'r gymdeithas honno a'r bobl fydd mor fyw yn fy nghôf weithiau, er eu bod bron i gyd wedi mynd, fyddai'r unig gymhelliad i ysgrifennu fy hanes fy hun.

Petai gennyf ddawn artist, awn a thynnu llun: pe'n gerddor fe gyfansoddwn. Ond 'does gen i ond geiriau i gyfleu'r tryblith sy'n fy mhen. 'Roedd gennyf, ac y mae yno o hyd, ddelwedd yn fy mhen o rosyn mawr pinc, hen ffasiwn, yn ben-drwm, dlws, ond ni wyddwn o ble y daethai'r llun. Holais fy mam, a edrychodd yn syn arnaf a dweud, "Mi fyddwn i yn dy roi di wrth y drws yn dy goets, a dyna lle byddat ti yn ddiddig brâf yn edrach ar y goedan rosod yn ysgwyd yn yr awal." Dyna o ble daeth y rhosyn i'm pen, ond y mae yno haenau ar haenau o bethau eraill wedi eu cadw, fel trysorau mewn cist, yn ddelweddau o fy magwraeth wledig.

'Roedd fy nhad gryn dipyn yn hŷn na thadau eraill yn y gymdogaeth – yn ddeng mlynedd yn hŷn na mam, a phan fyddai'r hogiau yn yr ysgol yn chware rhyfel neu'n sôn am y rhyfel, nid hwnnw oedd y rhyfel y bu fy nhad ynddo! Yr oedd wedi byw trwy erchyllder y Rhyfel Byd Cyntaf, ac yn sicr fe adawodd ei farc arno, er na fyddai byth bron yn crybwyll y peth. Mae arnaf gywilydd dweud na wnes i sylweddoli yn iawn beth yr oedd wedi byw trwyddo nes fy mod yn ganol oed, ac yn aros ar fy nhraed yn ystod y nos i gadw cwmni iddo yn ystod ei waeledd olaf. Dyna pryd, yn nhrymder nos, y deuai'r drychiolaethau a'r hen ofnau cuddiedig i aflonyddu arno. Byddai yn cysgu am ran gyntaf y noson ac yna yn deffro yn laddar o chwys, ac yn ffwndro. Methwn a deall ar y cyntaf beth oedd yn ei gynhyrfu gymaint ond yn raddol ar ôl nosweithiau bwy'i gilydd fel hyn, dechreuais sylweddoli ei fod yn ôl ar faes y gâd, ac yn gweld "hen fwd" a "hen wreiddia'" ac "yli, weli di nhw'n fancw" – beth bynnag erchyllbeth a godai gymaint o gynnwrf arno. Ein dau yn cerdded ar hyd y llofft, rownd a rownd y gwely, nes yr ymdawelai, a deuwn i ddeall, yn raddol, ar ôl nosweithiau bwy'i gilydd o'r un peth, beth oedd yn ei gynhyrfu gymaint. 'Roedd yn ei ôl ar faes y gâd, yn gweld Duw'n unig a ŵyr beth. "Yli wel'di fancw?"

Dyna'r unig droeon iddo ganiatáu i mi rannu'r

erchyll-bethau ag o. Minnau'n cofio wedyn glywed fy mam yn dweud fel y bu fy nhad yn dioddef effaith y Malaria yn ei waed am flynyddoedd, ac yn gorfod mynd i'w wely yn sâl fel ci ac yn gryndod o chwys, a'i chofio'n dweud hefyd fel y cafodd ef ryw fore ar ei gwrcwd rhwng llorpiau'r drol ac yn crio fel plentyn, mewn anobaith llwyr, wedi methu bachu'r gaseg yn yr harnis.

Flynyddoedd yn ddiweddarach, a ninnau wedi bod yn gwylio "Hedd Wyn" ar y teledu, y clywais ei chwaer yn dweud fel y cafwyd fy nain ryw fore wrth ffolt y moch yn crio ei henaid allan, yn ei gofid am ei mab. Siŵr iawn na chlywais i am y pethau hyn pan oeddwn yn blentyn, neu os y clywais, fe aeth yn angof yn antur fawr tyfu i fyny, ac fel pob atgof, mae'n rhaid pwyso'r botwm iawn cyn y daw i'r wyneb. Buasai cofio pob peth yn ein gyrru o'n co'.

Ni ddaw atgofion yn rhês daclus, rhesymegol – ond yn dryblith blêr, fel mwclis wedi torri, yn drybowndian i bob cyfeiriad. Mae lluniau a lleisiau yn llond fy mhen a'r lleisiau i mewn yn y darluniau yn sownd yn y gwêad heb unrhyw fodd eu datgymalu. Ambell waith gallaf eu hanwybyddu'n hwylus, dro arall mynnant fy mod yn eu troi a'u trosi, ac wrth wneud hynny daw ambell ddarlun yn eglur yn y gwêad.

Mae hi'n gynnar yn y bore yn nechrau haf. Rydw i ar fy nhîn mewn môr o wyrdd a glas, efo Gel y ci. Mae yna las ym mhob man ac arogl hyfryd.

'Rydw i yng nghanol y Clychau Gog cyntaf i mi eu gweld, ac mae 'mhen i'n troi.

'Rydw i wedi dotio'n llwyr. 'Rydan ni ar goll – nid bod hynny wedi croesi fy meddwl i, a'r cwbl a wnai'r ci oedd ysgwyd ei gynffon a dyhefod yn yr haul. Lleisiau cynhyrfus fy rhieni yn galw fy enw, a'r ci yn y diwedd, fel y bydd cwn, yn achwyn lle yr oeddwn, trwy redeg i'w cyfarfod ...

Yr oedd fy mam wedi fy ngadael yn y tŷ yn cysgu'n braf ac wedi mynd i'r beudy at fy nhad ond pan ddaeth yn ei hol i'r tŷ, nid oedd olwg ohonof – y cwbl gofiaf i ydyw'r glesni a chynhesrwydd eu dwylo wrth fynd a mi yn ôl i'r tŷ am fy mara llefrith. Bara llefrith fyddai fy mrecwast bob dydd, yr oedd yn beth hwylus iawn gan fod yna wastad ddigon o lefrith a bara, ac yr oeddwn yn ddifrifol o fisi beth bynnag. Petawn yn llegach heddiw, credaf y buasai bara llefrith wedi ei wneud yn y ffordd iawn yn gallu fy nhemtio i fwyta!

Yr hen gi yn yr hanesyn yna oedd fy ffrind cyntaf mae'n debyg, ac yr oedd yn hen gi nobl efo blew llac llwyd ac un llygad o liw gwahanol i'r llall. Yr oedd yn ddigon bodlon i mi gael reid ar ei gefn llydan, ac y mae gen i ddarlun yn fy mhen ohono yn gorwedd ar deils y gegin yn llyfu ei draed gan wneud swn snychian dros y lle, a minnau yn dweud bod Gel yn "byta'i draed". 'Roedd ganddo yntau ei lais hefyd, a phan ganai mam wrth ei goruchwylion, eisteddai Gel ar ei golyn a chodi ei ffroenau i'r awyr ac udo nes byddem yn groen gwydd drosom.

Canu y byddai mam wrth fynd o gwmpas ei phethau yn y tŷ – "Merch Megan", "Llwyn Onn", "Y Gelynen", "Pistyll y Llan", "I dreamt that I dwel't in a marble hall" – a rhyw gip o gân na chlywais neb arall yn ei chanu – "... dim ond deilen fechan felen ..." – a sôn amdani yn cael ei chario i ffwrdd gan y llif. Âi mam at y piano ym Mraichtrigwr yn yr hen gegin fawr, ar ganol tynnu llwch oddi ar y celfi, a dechrau chwarae a chanu o'i chôf, ac yna ddweud tipyn o hanesion, fel y deuent iddi, a dyna hi'n ddiwedd ar y glanhau am y diwrnod hwnnw! Pan ddarllenais i ddisgrifiad Laurie Lee o'i fam yn "Cider with Rosie" am mam y meddyliais!

Mae gen i lun arall yn fy mhen.

'Rydw i yn gorwedd ar wastad fy nghefn mewn cae; mae'r awyr yn lâs a'r cymylau gwlannog pob siap yn sgubo ar draws y glesni nes gwneud i mi deimlo'n swrth. 'Rydan'ni wedi symud ac nid cae'r Bwtsias yn y Buarthau ydyw hwn, ond mae'r awyr yr un fath ym mhob man ac mae dad yr un fath!

Clywaf sŵn ei bladur yn slaesio'r tyfiant gyda godre'r clawdd. Mae mam yn y tŷ, ac mae bywyd yn braf i blentyn llawn dychmygion. Mae nhad yn cymryd hoe, toc, ac yn dod draw ataf ac ar ôl tynnu ei gap a sychu'r chwys oddi ar ei dalcen, mae'n dangos y gwahanol siapiau y gellir eu canfod mewn cymylau. Mae'n siŵr ei fod wedi codi ei olygon a dychmygu lawer gwaith ei hun.

Cropian o'r dalar i ganol cae o haidd dro arall a gorwedd yno a'm synhwyrau yn fyw effro. Gweld chwilen a llygoden-fach-yr-ŷd a chlywed amryfal siffrwd creaduriaid bach na wyddent fy mod i yno yn eu byd cuddiedig. Dychmygu bod yn bryfyn; dychmygu bod yn lefren o gwningen yn clustfeinio trwy'r amser am fwgan y beindar neu'r ci.

Mae'n brafiach bod yn fi fy hun-neb ond y fi yn y byd, a'r awyr fawr uwch fy mhen, yn gwrando llais yr awel yn y tywysennau yn dweud hen gyfrinachau natur, yn un siffrwd, siffrwd swrth. Teimlo môd'i yn un â'r ddaear a'r awyr, a bod amser wedi aros yn stond. Mwynhau bod ar fy mhen fy hun bach. Teimlo bron a byrstio o wyddwn i ddim be'. *Dyfalu am Dduw! "Bod Mawr" y byddai fy nhad yn ei alw!*

Mae'r awyr yn lâs yn y llun hwn hefyd, ond ei bod wedi bwrw eira a min rhew ar y gwynt. Mae gen i Grepach ar fodiau fy nhraed. Âf i'r tŷ yn anfoddog, wedi fy siomi bod eira mor ddel yn beth mor oer. Yn y 'Bertha yr oedden ni, am wn i. Mae mam yn tylino fy nhraed yn ei barclod, ar ei glin o flaen y tân. Twymaf o'm traed i fyny, ac mae'n brâf bod fel hyn. Plicia mam oren mawr yn betalau ac yr ydym yn ei rannu, betal wrth betal. Yr oedd ffrwythau yn bethau prinion, ac yn werthfawr ac yr oedd yn well gen i hyn na'r eira. Clywaf y tân yn clecian, a Thwm y gath frech yn canu ei grwndi dros y lle. 'Rydw i'n anghofio am siom yr eira.

Mae barclod brâs mam yn grâs yn erbyn fy nghroen. Âf i gysgu.

Gallaf gofio, nid yn unig weld a chlywed, ond deimlo pethau -yn llyfn a chrâs, fel y grawn yn llofft yr yd; yn gynnes ac oer fel ffwr a ffroen anifail; yn anghynnes weithiau, fel grifft rhwng bysedd, ond dro arall yn hyfryd, fel llaw fawr fy nhad yn estyn tuag ataf – "Ty'd i ti ga'l gweld." "Gin i rwbath i ddangos i ti."

Dyna lle byddai cwn neu gathod bach, llo neu oen newydd-anedig, neu ambell dro, nyth aderyn bach mewn twll mewn hen wal gerrig. Felly y gwelais gyw Gôg am y tro cyntaf – a'i hen geg fawr wancus yn hyll. Ond tlws i'w ryfeddu oedd y nyth Titw-gynffon-hir yn yr eithin a ninnau'n dau yn sefyll mewn syndod o weld aderyn cyn lleied wedi cyflawni'r fath wyrth. Byddai fy nhad yn dod o hyd i'r rhyfeddodau i gyd wrth fynd yn bwyllog, dawel o gwmpas ei waith ac yn reddfol yn eu dangos i minnau. Ys gwn i pwy a'u dangosodd iddo fo?

'Roedd yn amlwg yn meddwl y byd o natur o'i gwmpas. Cofiaf fynd yn ei law i weld fy Mriallu cyntaf, yn fuan ar ôl i ni symud i Fraichtrigwr. Dyna lle'r oedd y blodau melyn yn dylifo i lawr llethr Nant yr Hafod a gwres yr haul yn codi eu persawr i'n ffroenau. 'Roedd arnaf eisiau rowlio yn eu canol neu eu cael i gyd i mi fy hun, ond "gâd nhw lle ma' 'nhw, ac mi gei di'i gweld nhw eto flwyddyn nesa'," fyddai hi bob tro. Bodloni fyddai raid, am y tro, er i mi gasglu tuswau sawl gwaith wedyn, a cheisio codi rhai o'u gwreiddiau efo dim gwell na phâr o ewinedd a phwt o bric, a mynd a nhw i mam i wneud gardd bach. Yn y diwedd bodlonodd fy nhad balu clwt bach o bridd i mi yn y gesail rhwng y gwrych drain â'r hen dŷ – bach ym mhen draw yr ardd, a rhoi weiren o'i gwmpas i gadw'r ffowls allan, ond i mewn y deuai'r ieir, trwy fôn y gwrych, ac un tro cefais fy nal yn waldio iâr efo hen sosban! 'Roedd hi wedi sgrialu fy mlodau i bob cyfeiriad a minnau wedi gwylltio nes fy môd yn crio! Pwy ddaeth ar fy mhac ond fy ewythr Sei, dyn addfwyn ac annwyl yr oeddwn yn meddwl y byd ohono, ac ar ôl holi beth oedd achos y fath storm, gafaelodd yn fy llaw a rhoi cyngor i mi mai "peth i'w reoli ydi temper".

Aeth i'r tŷ wedyn at fy rhieni, fel petai dim byd wedi digwydd, a minnau yn stelcian tua'r drws yn gwrando arno yn sgwrsio yn ei lais crynedig, heb yngan gair am na iâr na sosban!

'Roedd gennyf ddau hoff ewythr, y naill yn frawd i mam a'r llall yn frawd i nhad. 'Roedd y ddau yn ddoeth ac addfwyn – a phan glywn bobl yn sôn am saint amdanynt hwy y meddyliwn. I feddwl plentyn yr oedd y priodoleddau i gyd ganddynt! Ffermwyr oedd y ddau, un yn "ddyn defaid" ar lethrau Eryri a'r llall yn ymlafnio i ennill ei damaid yng nghanol corsydd Eifionydd, yn yr Ynys Wen. Hen lanc oedd Yncl Wil, a Sei yn dad i bump o blant.

'Roedd Wil yr ail o blant fy nhaid a nain Tyddyn Bach Betws Garmon, ac yr oedd yn dal i fyw yn yr hen gartref gyda thri o'i frodyr a howsgipar yn gofalu amdanynt mewn tŷ y gallech ei lyfu o lân. Byddai Jane yn pobi bara iddynt a'r arogl burum yn llond y lle a brechdan menyn cartref yn fwy na digon o wlêdd i blentyn misi. Byddai gan bawb ei oruchwylion – Huw yn gofalu am y gwartheg, Wil am y defaid, Jac am yr ieir ac am y peiriannau – a Bob, oedd wedi colli ei iechyd, o gwmpas y tŷ, ac yn cario'r post. Wil fyddai yn mynd i'r dref i nôl y neges, ac ar wahan i hynny, prin yr âi i unman, ond i'r capel ar y Sul, ac am ambell i swae yn yr hen fan bach yng nghwmni Jac. Byddwn wrth fy môdd os deuai mam a minnau ar draws Wil yn y dref ar ddydd Sadwrn, a'i fasged fenyn fawr hen ffasiwn ar ei fraich, yn y Cöp neu'r siop gig.

Byddwn wrth fy modd yn gweld beth âi i'r fasged. Prynai bwys o gaws ar gyfer y tŷ, a phwys arall ar gyfer y ci – hen grafion na fedrai'r siopwr eu gwerthu ar gyfer pobl! Ar ôl gorffen ei neges âi i ddanfon wyau i hen wraig oedd yn byw mewn tŷ bach hynod yr oedd yn rhaid mynd trwy "entri" i fynd at ei ddrws, ac âi mam a minnau i'w ganlyn ambell dro, er mwyn iddynt gael parhau a'u sgwrs. Bûm yn chwilio a chwilio flynyddoedd yn ddiweddarach am yr "entri", ond methais ddod o hyd iddi, fel petai heb fod yno o gwbwl! Ond yr *oedd* yno – a'r bobl. Yr hen Mrs Ellis, a Miss Ellis, yn hen ferch fach gron a wisgai sbectol gron yr un fath a'i hwyneb, a Mr Ellis, mewn esgidiau meddal uchel a'r rheini yn sgleinio nes gallech weld eich llun ynddynt. 'Roedd ganddo ddillad tywyll, a beic, ac hwyrach mai gweithio ar y lein yr oedd. Mae gennyf ryw gadwyn fechan oedd yn perthyn iddo, wedi dod i feddiant fy mam i ganlyn pethau ei brodyr. Does gen i ddim llais i Mr Ellis-hwyrach mai'r merched siaradai'r cwbl! 'Roedd yn dywyll yn y tŷ bychan tu cefn i'r stryd a'r hen wraig yn ei du bob amser, yn eistedd yn yr un fan, wrth ochr y tân cynnil, haf a gaeaf. Miss Ellis fyddai yn mynd yn fân ac yn fuan o gwmpas y gegin, a hithau hefyd mewn dillad tywyll. 'Roedd ei chroen yn llyfn, llyfn ac yn sgleinio a'i gwallt mewn bynsen ar ei gwegil. Yn fy nghôf mae ganddi ryw nam neu fefl bychan ar ei lleferydd. Yr oedd y tri yn trin Wil fel petai yn dywysog wedi dod a rhoddion drudfawr, a bron na fyddent yn llyfu eu cegau wrth iddo dynnu'r pethau o'i fasged – rhyw ddwsin o wyau ac weithiau brinten fach o fenyn. Diwedd cyfnod y rhyfel oedd hi ac hwyrach ei bod hi'n fain arnynt. Wrth edrych yn ôl, mae'r llun yn fy meddwl fel darlun allan o un o nofelau Dickens. Ifanc iawn oeddwn ar y pryd wrth reswm, a dyna pam mae'n debyg na wn i ddim beth ddaeth ohonynt, na dim o'u hanes, fel pe na baent wedi bodoli o gwbl.

Ond mae'r lleisiau a'r lluniau o'r Tyddyn yn glir, groyw yn fy mhen! Huw oedd yr hynaf o'r ewyrthod, y blaenor cysetlyd a'r canwr – "Y Berwyn" ac "Aros Mae'r Mynyddau Mawr" ac ati, ar dop ei lais yn y llofft uwch ben y beudy, a haerai bod y gwartheg yn mwynhau ac yn rhoi eu llaeth yn well wrth ei glywed yn canu. Darllenai bopeth y medrai gael gafael arno ac yr oedd ganddo stôr o wybodaeth ddiarffordd ac annisgwyl, ac weithiau heb hanner ei dreulio. 'Roedd yn ddyn a fuasai wedi elwa o gael addysg ac yn wir yr oedd ei rieni wedi ei anfon i'r "ysgol dre'" a lletya gyda chwaer ei dad yn ystod yr wythnos ond haerai bod y nwy yn y tŷ yn ei wneud yn sâl. Yn ôl fy mam hiraeth oedd arno-ac ystyfnigrwydd! Dyn gwartheg duon ydoedd wrth ei ddileit, a byddai yn mynd i'r sioe leol i stiwardio, a gwnai bob dim yn ôl llythyren y ddeddf! Fo fyddai yn dod i helpu fy rhieni adeg y pluo o flaen y Nadolig, a gwnai bob gorchwyl yn boenus o ddeddfol. Bu'n ceisio perswadio fy nhad i gofrestru ei fuches, ond i ddim diben, gan fod ffurflenni yn fwrn ar enaid hwnnw!

Diwrnod mawr oedd diwrnod y pluo, a thân wedi ei gynnau o dan yr hen foelar yn y "gegin allan". Erbyn y deuwn i adref o'r ysgol byddai'r gwaethaf drosodd a'r ŵydd a'r clagwydd yn clegar yn drist ar ôl eu hepil, olion gwaed yn y gwter ac arogl deifio'r corblu yn ddigon a tharo rhywun i lawr! Byddai'r arogl yn ein ffroenau drannoeth, ond hoffwn weld y gwyddau yn un rhês o dan fwslin gwyn ar y llechen oer yn y tŷ llaeth a'u crwyn yn sgleinio'n felyn ar ôl eu hiro â'r saim gwydd. Dim ond ar ôl gorffen y gwaith i gyd y byddai Huw yn fodlon eistedd i gael tamaid o fwyd cyn ei chychwyn hi am adref dros y mynydd, waeth beth fyddai'r tywydd.
Jac oedd y cymêr o frodyr fy mam, yn piltran â pheiriannau ac yn dyfeisio pethau at eu hwylustod, yn wir yn ennill gwobr gan y *Farmer's Weekly* un tro am ddyfeisio teclyn i agor ffosydd, ar gyfer Ffergi Bach. 'Roedd fel plentyn ar ôl cael ei lun yn y papur. Ei brif gyfrifoldeb ef ar y fferm oedd yr ieir, a chadwai ŵn ar gyfer y llwynogod! Byddai yn troi ei ben ar un ochr ac yn culhau ei lygaid wrth feddwl, ac o ddyn eiddil yr

oedd ganddo lais mawr, dyfn a hwnnw yn grâs gan Wdbein. Yn ôl pob sôn yr oedd yn ddiarhebol o ddireidus pan yn blentyn, a bu bron iddo foddi cefnder iddo yn yr afon Gwyrfai, wedi i'r ddau ohonynt fod wrthi yn gwneud cert. Mae'n debyg ei fod wedi gollwng y cert gyda hwth i lawr yr allt at yr afon, a cael a chael oedd hi i'r bychan arall ei gael ei hun o'r cert mewn pryd. Pan aeth fy nain ar y trên i weld ei chwaer yn Ynys y Bwl, bu'n rhaid mynd a Jac i'w chanlyn, rhag ofn iddo fynd i drybini gartref, neu o leiaf dyna'r eglurhad roed i fy mam, oedd ond un-mis-ar-ddeg yn ieuengach ac yn eiddigeddus iawn ohono yn cael mynd cyn belled.

Bob oedd y brawd arall, a bu'n gweithio yn y chwarel nes cael ei andwyo gan y llwch a'r cryd cymalau ond ni chefais erioed eglurhad pam mai ef oedd yr unig un o'r brodyr a arhosodd yn y chwarel, gan fod y tri arall wedi treulio peth amser yno, cyn i fy nhaid brynu Tyddyn Bach ac wedi hynny Hafod y Wern, y lle oedd ar y terfyn, ac ymroi i'w ffermio fel un daliad. Mae'n debyg bod fy nhaid wedi defnyddio'r chwarel fel cyfrwng i gasglu digon wrth gefn i'w alluogi i wneud yr hyn yr oedd arno'n wirioneddol eisiau ei wneud, a dychwelyd at y tir y daethai ei hynafiaid yntau ohono, yng nghyffiniau Boduan a Chwilog. 'Roedd ef a'm nain wedi "dechrau byw" ar ôl priodi ym Mhen y Gaer, bwthyn bychan cuddiedig o'r ffordd, ac wedyn wedi symud i Gae Hywel, oedd bron ar lan yr afon Gwyrfai a'r lein bach yn rhedeg heibio'r drws. Ar y trên bach y deuai'r dyn pennog i fyny o Gaernarfon, yn ôl mam. Cefais fy magu ar hanesion y trên bach, a phobl ardal Nant y Betws, a'u hanes yn cerdded yn griwiau i'r dre' i fynd i'r Pafiliwn, neu i groesi ar y Stemar bach i Sir Fôn yn yr Haf. Yr oedd mam wedi cario'r hanesion i'w chanlyn gydol ei hoes, ac wrth eu hadrodd, wedi cadw'r lle, ac yn bwysicach, y bobl, yn fyw i minnau. Creigiwr oedd fy nhaid wrth ei waith yn y chwarel, meddai fy mam, ac yn ddyn doeth y deuai pobl ato am gyngor, a gallai drin briwiau.

Ar ôl colli ei iechyd, beth amser ar ôl claddu fy nhaid, cario'r post y bu Bob, gan ddod a straeon y gymdogaeth adref i'r lleill ar ddiwedd pob rownd. Byddai yno le diddan yn y Tyddyn o gwmpas y bwrdd, a byddwn wrth fy môdd yn mynd yno efo mam. Pawb yn eistedd ac yn dweud ei bwt, trin a thrafod hwn a'r llall a thynnu coes a chwerthin, a Jane wedi sgwrio wyneb yr hen fwrdd yn wyn. Teils cochion ar y llawr a swn ein cadeiriau yn rhugno arnynt wrth i ni glosio at y bwrdd. Un tro cefais i a'm ffrind fynd a gast fach yno bob cam ar ein pennau ein hunain ar y bws Whiteways gwyn, efo'r seddau slats pren, a chofiaf Bob yn sefyll yn pwyso ar y giât wrth dalcen y tŷ, yn ein gwylio yn dod ar draws y caeau ar ôl croesi'r bompren dros yr afon, wrth feudy Pandy – hen afon lonydd, fygythiol yr olwg i blentyn, yn wyrdd, foliog o dan y bont. Ar ôl yr antur honno teimlwn y gallwn fynd i unrhyw fan ar fy mhen fy hun. Bu Pegi'r ast gan Wil, yn ast dda ac ufudd am flynyddoedd, ac un o uchelbwyntiau gwyliau'r haf i mi fyddai cael mynd i Fetws Garmon i'r Râs Cwn. Yr adeg honno o'r flwyddyn byddai'r grug yn biws ar y llechweddau a'r Criafol dan eu pwysau coch o aeron, a phobl glên yn fodlon mynd i'w pocedi i chwilio am bisyn chwecheiniog neu fferins i ni'r plant. Byddai yn ddifyr hefyd cael dod i adnabod plant ardal arall, y rhan fwyaf yn blant i gyfoedion ysgol fy mam. A phob blwyddyn byddai Wil yn addunedu ei fod "am ddechra' dysgu'r ast yn gynt flwyddyn nesa'." Codai'r mynyddoedd warriau crynion o amgylch Nant y Betws a thybiwn y byddai'r lle yn aros yr un fath am byth, ond bellach nid oes neb bron o'r hen deuluoedd ar ôl, a chauwyd yr ysgol a'r capel bach flynyddoedd yn ôl. Erys y distawrwydd arallfydol.

Brâf mewn ffordd arall oedd hi yn Ynys Wen, yn Eifionydd, rywle rhwng Brynengan a Llangybi. Yr oedd yn llawer mwy anghysbell, yng nghanol corsydd, ond yn perthyn i gymdogaeth glos yr un fath. Cawn wythnos yno bob gwyliau haf ac yna Nan fy nghyfnither yn dod yn ôl i aros efo minnau am wythnos arall. 'Roedd bod yno efo llond tŷ yn nefoedd i unig blentyn fel fi, a chael cicio pêl yn y cae ar ôl swper, neu chware cardiau yn y parlwr bach yn bleserau hyfryd a diniwed. Brâf fyddai clywed grwn ysbeidiol fy modryb a'm hewythr am y pared â ni, wrth iddynt dreulio'u min nos yn darllen, yn yr oes ddi-deledu honno.

Ar ffrâm beic fy ewythr y byddwn yn cyrraedd yr Ynys Wen, ar ôl cael y bws i Landwyfach, a chrensian y graean o dan yr olwynion yn fiwsig yn fy nghlustiau. Sŵn cynhaeaf fyddai yna o gwmpas fel arfer os byddai'r tywydd yn ffafriol. Ffergi Bach neu David Brown, ac ambell geffyl yn tynnu cribyn olwynion o hyd, ond y rhan fwyaf o'r hen gelfi yn diflannu fel y cerddai'r Pumdegau yn eu blaenau. 'Roedd pobl Eifionydd yn siarad fymryn yn wahanol i ni yn Arfon: goslef Eifionydd a hiwmor Eifionydd, ac yn rhegwyr naturiol heb eu bath! 'Roedd fy ewythr yn ddyn agos i'w le ym mhob ffordd, ond rhegai fel cath, a'i lais crynedig yn gwneud i'r peth swnio yn ddigrif! Os y teimlai yn ddigon di-swildod, fe adroddai straeon a'r rheini'n swnio'n ddigrifach am mai fo oedd yn eu dweud, fel yr hanes am ryw gymeriad wedi dringo i ben y tŷ gwair i wneud rhywbeth ac wedi llithro a cholli ei draed. Llwyddodd i ddal ei afael yn y landar i dorri ar ei godwm a gwaeddodd "Arglwydd mawr, arbad fi." Wnaeth O ddim, a gwaeddodd yntau eto wrth syrthio "Y cachwr uffar!"

Parhai hen arferion cymdogol yn yr ardal ac am fy môd yn ddieithr, cawn wahoddiad i fynd i de ar rai o'r ffermydd – i Goed Cae Du, Brychyni a Brynengan – a chael te go iawn efo bara menyn a jam cartref, sgons a bara brith, teisen felen a tharten-llus neu fwyar duon neu weithiau lygeirion smotiog fel wyau twrci, ac ambell dro jeli a ffrwythau allan o dun.

Nid gwaith brâf oedd hel y llygeirion ar y corsydd i'm modryb gael gwneud teisen, ond byddem yn cael hwyl wirion hefyd, yn ysgwyd y tonennydd wrth neidio i fyny ac i lawr arnynt, ac un haf, sbecian ar fy nghefnder Twm yn ymdrochi yn yr afon, yn noeth fel y daeth i'r byd. Bychan a wyddem fod fy ewythr wedi'n gweld a theimlaf fy hun yn cynhesu y funud hon gan gywilydd wrth gofio am ei gerydd tyner. Aem i'r capel ym Mrynengan, ond yr oedd yn rhaid gofalu bod yn brydlon neu orfod cerdded i mewn yn wynebu'r gynulleidfa. Ar ddiwedd yr oedfa, toddai'r lleisiau clên cymdogol i'w gilydd wrth ymdroi o flaen y capel bach, cyn troi am adref ar hyd y llwybr pen-clawdd. Cael mynd i Bwllheli wedyn ar ddydd Mercher, a cherdded i Langybi i ddal y bws, ond fy modryb yn mynd o'n blaenau ar ei beic.

Dim rhyfedd bod ei merch wedi beicio'i ffordd o

gwmpas Lesotho yn ddiweddar! Fel y prifiem âi fy nghyfnither a minnau am dro hir ar gyda'r nosau, os byddai yn braf, gan sgwrsio a rhoi'r byd yn ei le gan edrych o'n cwmpas, a hithau yn dangos i mi'r dieithryn, lle 'roedd Efail Pensarn, Hendre Cennin lle ganed ein taid: pa un oedd Mynydd Cennin a Garn Bentyrch a'r enwau a'r cysylltiadau yn treiddio i'm hymwybod heb i mi sylweddoli hynny.

Bellach mae'r hen gymdogaeth o dan goedwig a'r hen leisiau o'r llus a'r brwyn yn adleisio, heb edliw na phiwsio, dim ond lleddfu, a'n denu bob hyn a hyn i chwilio a chofio'r "hen bethau anghofiedig" cyn mynd ymlaen â'n bywydau modern.

Nid Sei oedd unig frawd fy nhad, ond y fo gafodd fwyaf o argraff arnaf yn blentyn – cefais fwy o gwmni ei frawd arall ar ôl i mi ddod yn oedolyn, ac yr oedd gan fy nhad ddwy chwaer hefyd, a chefais lawer o'u cwmni hwy ar hyd y blynyddoedd. Bu'r tri olaf yma fyw i oedran mawr, yn ddigon hir i mi ddod i ddeall eu ffyrdd yn bur dda, ac i glywed ganddynt am y peth yma a'r peth arall, yn ôl eu dehongliad hwy o bethau! 'Roedd ganddynt stôr o goelion a dywediadau – pethau megis "ni chudd grudd gur y galon", a dweud "gwyddi" fel lluosog benywaidd o gŵydd, i wahaniaethu'r torfol "gwyddau". Byddai fy nhad a'r hynaf o'i chwiorydd yn ynganu'r llythyren s yn wahanol i bawb arall, ac yn dweud "shiosban" yn lle sosban, a "shiosar" yn lle soser. Wn i ddim os mai hen ffurfiau oedd y rhain, wedi glynnu ar eu lleferydd oherwydd iddynt dreulio llawer o amser gyda'u nain, mam fy nain i, yn y Bontnewydd – a mynd i'r ysgol byliau yno, yn ôl y sôn. Yn ei henaint, a hithau wedi anghofio y rhan fwyaf o bethau, gallai fy

modryb Lal ddisgrifio o'i chôf,y tai a'r ffermydd y
byddai yn ymweld a hwy, a dweud yn union ym mhle
yr oedd y llwybrau yn ardal y Bontnewydd. Byddaf yn
meddwl am y dywediadau a'r geiriau fyddai gan fy
rhieni, yn aml, ac fel y maent wedi eu sgubo i ffwrdd i
rywle fel hen betheuach. Byddent yn dweud jarff a
jarffas am rywun oedd yn meddwl ei hun, hen dyrcan
neu hen gorcan am ddynes drahaus, biwis ac yr oedd
gan fy nhad enwau doniol am gyflyrau, fel "Tic tara-
rw", "Atgyfarfod" a "Colic melan-stryw"! – a phan
fyddai rhywun wedi marw dywedai bod "Owan Jôs
wedi bod heibio" Ar ôl claddu'r olaf o deuluoedd fy
rhieni teimlwn fod dôr fawr wedi ei chau ar dalp o'm
bywyd. Peth rhyfedd o arswydus yw sylweddoli mai fi
a'm cyfoedion yw'r genhedlaeth hŷn bellach. Mae'n
gwneud i rywun fod eisiau dal gafael ar bethau, a'u
trosglwyddo i'r genhedlaeth nesaf.

• • • • •

Mae fy nghôf yn llawn adleisiau – llais Meri Williams
Ynys Yr Arch, Bwlchderwin, mor falch o'n gweld pan âi
mam a minnau yno ar ein pererindod flynyddol yn yr
haf i'r hen ardal, ar ôl i ni symud o'r 'Bertha i
Fraichtrigwr, uwch ben y Groeslon. Cawn lonydd i fynd
allan i chwarae dan y coed yn yr hen ardd, tra byddai hi
a mam yn rhoi'r byd yn ei le, ac yna i'r tŷ am ginio cyn
ei chychwyn hi wedyn ar draws y caeau, dros yr afon ac
ar hyd y llwybr fflags i Ynys Hwfa i weld Mrs Gruffydd
a Harri a Gwen, yn eu tŷ eithriadol o lân. 'Roedd padelli
prês yno yn sgleinio'n danbaid, a chlocsiau Mrs
Gruffydd yn clepian ar y teils. Gwniadwraig oedd

Gwen, y ferch, a gwnaethai gôt fer o wlannen goch i mi pan oeddwn tua'r tair neu bedair oed, a chap bach i gyd-fynd. 'Roedd mam wedi dotio ac yn meddwl fy môd yn bictiwr ynddynt! Cofiaf y styrbans pan fwytaodd y mochyn y gôt swel, wedi i mi ei gadael luchdafl allan yn rhywle. Ffermio yr oedd Harri'r mab, a bu yno yn ffermio ar ôl i'w chwaer briodi ac ar ôl colli ei fam. 'Roedd rhyw gryndod yn llais Mrs Gruffydd a natur atal-dweud, a byddwn, fel y bydd plant, wrth fy môdd yn gwrando arni yn siarad. Ar ôl bod yn Ynys Hwfa byddai fy mam a minnau yn mynd eto, draw ymhellach ar hyd y llwybr fflags i'r Gors i weld ein hen gymydog, Huw. Mae rhai o'm hatgofion cynharaf un am Huw, ein cymydog agosaf. 'Roedd yn hen lanc addfwyn a brest wan ganddo, a chofiaf fy nhad yn dod i'r tŷ un bore ar ôl bod ar ei draed y nos gyda Huw ac yn dweud bod yna newydd da, bod y doctor yn dweud bod yna feddyginiaeth newydd ar gael, o'r enw "M&B" ac y byddai yn gwneud y byd o wahaniaeth i iechyd Huw. Mae'n rhaid bod y cyffur newydd wedi ateb y diben gan i Huw fyw am flynyddoedd wedyn. Âi fy nhad at Huw i wrando ar y bwletinau newyddion rhyfel, a chawn innau fynd i'w ganlyn, a rhyfeddwn at ddirgelwch y llais yn dod o'r weiarles. 'Roeddwn yn rhy fychan i ddeall dim am y rhyfel, ac yn parablu ar draws y newyddion, er bod y ddau yn gwrando gan ddal eu gwynt bron. Un tro, rhoddodd Huw dro slei ar y nobyn a rhybuddio, yn dyner, "Yli, os na fyddi di yn ddistaw neith y dyn ddim siarad!" *Yn ei ôl y daeth y llais.*

Gwelaf Huw yn torri brechdan ac yn troi ataf a gofyn "Jam coch ta' jam melyn?" a minnau yn ateb yn dalog "y ddau!" – ac yn cael brechdan bob lliw.

'Rydw'i ar ben y drol yn y cae gwair a Huw yn tynnu'n fy nghoes mai hen drol wael oedd un fy nhad, a minnau'n ateb yn henaidd bod gan bawb feddwl o'i bethau!

Rhyw blentyn bach henaidd a digrif oeddwn, mae'n beryg, gan i mi ddweud wrth fy athrawes gyntaf hefyd y buaswn i yn cyrraedd yr ysgol mewn pryd ond mai ar mam yr oedd y bai yn llusgo! O wybod hŷd a chyflwr y llwybr fflags, mae'n syndod ein bod yn cyrraedd o gwbl!

Ar fy niwrnod cyntaf un yn yr ysgol, cafodd mam fraw ofnadwy wrth weld clamp o neidr fawr frech yn gorwedd yn dorch yn union ar ein ffordd, a byddai arni ofn am ei bywyd i mi fynd yn agos at lyn corddi Ynys Hw'a neu syrthio i afon Ynys yr Arch, ac y mae'n debyg iddi dreulio'r rhan fwyaf o'i diwrnodau yn fy nôl a'm danfon i o'r ysgol.

Trwy drugaredd 'roeddwn yn hapus ddigon yn y lle hwnnw, yn mwynhau fy hun yn gwylio'r plant eraill ac yn gwrando ar yr athrawes, Mrs Roberts, yn dysgu'r rhai hynaf ar gyfer y "sgolarship" – beth bynnag oedd hwnnw. Gan fy môd yn unig blentyn 'roedd fy rhieni wedi bod yn poeni y buaswn yn nogio ac yn gwrthod mynd, ond yr oedd arnaf eisiau cael mynd, gan fod Menna a Robat ac Eifion, plant i frawd Huw yn mynd i'r ysgol, ac yr oeddwn eisiau bod yr un fath a'r plant mawr. Dim ond rhyw ddeuddeg ohonom oedd yno i gyd a'r oruchwyliaeth yn waraidd, garedig. Cofiaf yr enwau i gyd ond un – Gruffydd Arwyn, Eirug, Menna, Eifion, Robat, Edwyn, Hefin, Owi, Eirlys, Prydwen, a'r ferch arall, oedd a llaw fach, ac a fygythiodd fy nhaflu, ar ôl fy nghodi a'm troi yn ei breichiau. 'Does gen i'r un côf i mi glywed llais wedi ei godi'n flin yno, ac am fy môd mor fisi a thaith mor bell adref, byddai fy nghinio yn cael ei gadw i mi tan y p'nawn, os byddwn wedi gwrthod ei fwyta yr un pryd a phawb arall. Tri pheth a gofiaf yn glir o'r cyfnod byr y bûm yn ysgol fach, Ynys yr Arch, sef ymweliad y deintydd a'r diwrnod y daeth tanc heibio ar hyd y lôn, a phawb yn rhedeg at y rheiliau i'w weld. *O, yr oedd arnaf ofn!* Credwn yn siŵr na welwn i byth mo mam a dad a Gel wedyn! Wn i ddim, hyd y dydd heddiw beth ddaeth a thanc i le o'r fath! Yr ail beth oedd Owi yn fy mrathu ar fôn fy mraich, wedi cael ysfa mae'n rhaid! Pedair oed oedd o. Braw o'r brawiau oedd ymweliad y deintydd hefyd, a chafodd o byth weld fy nannedd i! Credwn yn siŵr ei fod yn mynd i dynnu fy nannedd i gyd, yn y fan a'r lle ac er i bawb – y plant eraill a Mrs Roberts a'r gogyddes geisio fy narbwyllo, nid oedd dim yn tycio. Cefais ddyrnaid o fferins hyd yn oed, gan y deintydd, mewn ymgais i'm hudo i feddwl amdano fel rhywun clên – ond gwasgwn fy ngheg at ei gilydd yn dynn, a bu raid iddo roi'r ffidil yn y tô. Ddywedais i'r un gair am y perfformans wrth fy rhieni, ond daeth mam i wybod yn ddigon buan. Fy eglurhad i heddiw am y fath strach oedd fy mod wedi clywed sôn am fy mam yn cael tynnu ei dannedd i gyd pan oedd yn fy ngharıo i. Beth bynnag, mae arnaf ofn deintydd o hyd, er na chefais erioed fy mrifo.

Rhyw bum mlwydd helaeth oeddwn pan symudodd fy rhieni i le mwy, ac yr oeddwn wedi colli llawer o ysgol cyn y symud gan i'r frech goch ddod o gwmpas yr ardal. Gan fod fy rhieni yn gwybod bod y frech ar daen, a minnau yn flin ac yn clafychu, cariodd fy nhad fi ar ei gefn i Benygroes at y doctor ac erbyn iddo gyrraedd nid oedd ein doctor ni ar gael, a bu'n rhaid iddo fynd a fi at

un arall, nad oedd yn ei adnabod, a hynny yn ei farn ef a barodd i mi fod mor hir yn gwella ar ôl y frech .
'Roedd fy mam, chware teg iddi, wedi ceisio fy mharatoi ar gyfer y symud ac wedi fy sicrhau y byddwn wrth fy môdd yn y lle newydd, nad oedd yn newydd iddynt hwy. Dywedodd fel y gallwn weld trên yn mynd ar hyd y gwaelodion, a bod bws coch yn mynd heibio. Disgwyliwn ei weld yn mynd heibio'r drws a siom mawr oedd sylweddoli na ddeuai yn nês na dau lêd cae i ffwrdd. Nid yn unig weld y trên y byddem, ond clywed ei chwibaniad cyn iddi gychwyn o orsaf Dinas a'i gwylio a'i gwrando wedyn yn ymlusgo i'r orsaf nesaf yn y Groeslon a'i cholofn o fwg, ambell dro yn codi'n biler gwyn i'r awyr, dro arall yn chwipio'n gynffon lwydaidd o'i hôl.

Gallwn weld y môr hefyd, bob cam o Borthdinllaen i Gaernarfon a throsodd i Landdwyn felyn, a chychod bach gwynion yng ngheg y Fenai ar dywydd braf, neu gesyg gwynion yn llamu tua'r lan ar ôl iddi fod yn stormus.

Rhesi o geir a'u ffenestri yn sgleinio yn yr haul yn Ninas Dinlle ar gyda'r nosau brâf yn yr haf, a ffermwyr yn mynd o gwmpas eu gwaith yn y caeau yma ac acw. Sŵn cryman a phladur yn slaesio trwy'r tyfiant, sŵn injian bach yn clec-clec-clecian torri'r gwair a sŵn ceffyl a'i dresi yn tincial yn llac ar ddiwedd dydd. 'Roedd bod yn fy nghartref newydd yn iawn, a buan yr ymgartrefais. Bu ymgartrefu mewn ysgol wahanol yn dipyn mwy o gamp!

Mae mam wedi mynd a mi, ar fy niwrnod cyntaf, ac yr ydym yn sefyll yn y cyntedd yn siarad efo'r brif-athrawes. Mae drws un o'r ystafelloedd yn agored ac y mae pob mathau o bethau rhyfeddol i'w gweld. Mae yno geffyl pren, a siglen neu si-so a dwy o enethod bach yn eistedd un bob pen. Maent yn syllu i'm cyfeiriad, ond yn dal i siglo'n ara' deg wrth siarad. Mae lluniau mawr lliwgar ar y parwydydd- llun cath dew yn gorwedd ar y mat o flaen tân ac oddi tano mewn print clir mae **"The cat is on the mat."** Mae yno lun coeden hefyd, dan ei phwysau o afalau cochion. 'Dw'i bron torri 'mol eisiau mynd i'r ystafell, ac o dipyn i beth wedi rhyw fynd, o lech i lwyn, yn nês at y plant a'r pethau difyr. Mae'r Brif-athrawes wedi galw athrawes arall erbyn hyn ac y mae hi yn cydio yn fy ngarddwrn ac yn mynd a mi a'm gosod yn ddi-seremoni yn un o'r desgiau pren, dwbl, mewn ystafell arall. "Rydach chi'n rhy hen i fynd at y bebis!" meddai – a minnau ond wedi cael rhyw ddau dymor o ysgol i gyd cynt! Dyna ddiwrnod hir oedd hwnnw.

Cymerais amser hir iawn i ymgyfarwyddo â'r oruchwyliaeth newydd a'r llu – i'm tyb i – o blant, a'r rheini yn llafar-ganu "w-wan wrth Miss To-om-o-s", pan fyddai angen achwyn am rywbeth! 'Roeddynt yn fy ngweld yn ddigrif yn dweud "crysbas" am siaced a "chrys isa'" am vest.

Medrwn weld llawer heb fynd i unman o'm cartref newydd, a hoffwn hynny, a hoffwn yr arogl pren newydd yn y tŷ, lle'r oedd drysau a ffenestri wedi eu hatgyweirio . . . Hoffwn fod wedi cael peidio symud i unman, yn arbennig i'r ysgol!

Eistedd oriau bwy'gilydd yn gwneud dim, dim byd ond bodoli, a syllu a dychmygu. Ar ambell i nos Sul braf byddai sŵn cloch dwy eglwys yn fy mhen – cloch eglwys Rhostryfan yn galw'n daer trwy'r glust dde ac eglwys Sant Thomas ar ei phoncen braf uwch ben y Groeslon yn galw trwy'r chwith. Minnau ddim yn symud yr un arfod, dim ond gwrando arnynt, a gwylio'r byd wedi ei daenu o'm blaen yn gwrlid o gaeau a choedydd, a'r môr mawr glâs tu draw, a Môn yn fan gwyn man draw! Eistedd ar ben cwt bychan oedd yn sownd yn y tŷ y byddwn i ben-synnu, dringo i ben y wal i gychwyn ac yna fy ngwthio fy hun gerfydd fy mhen ôl nes gallwn eistedd a'm cefn ar wal y tŷ. Mae'r ddwy eglwys y clywn eu clychau wedi mynd, ac y mae'r coed wedi gor-dyfu erbyn hyn. Pe byddai yna drên heddiw, ni ellid ei gweld o'r tŷ.

• • • • •

Gorwedd yn fy ngwely yn gwrando trwy'r parwydydd ar sŵn rhythmig y gaseg yn pystylad yn y stabal yn y nos. Clywed sŵn gwartheg wrth eu haerwyau yn y beudy. Ffroeni aroglau sur-gynnes y stabal ac aroglau cynnes y gwartheg a'r gwair, arogl rwdins a mangolds wedi eu malu yn y gaeaf, a sŵn raspio bwyta'r anifeiliaid. Sŵn fy nhad yn codi'n gynnar i fynd i odro, a'i esgidiau hoelion yn clecian ar gerrig y buarth, a sŵn mam yn rhugno'r grât, i gael tân i ferwi'r tegell du mawr i gael paned. Fy ngwely yn llong, yn iglw, yn lloches, gynnes, fel ffau Sion Blewyn Coch. Cael aros ynddo ar fore Sadwrn, am hydoedd, a gwisgo amdanaf o flaen y tân wedyn.

Cael llefrith cynnes yn syth o'r beudy, yn ffroth i gyd nes bod gen i fwstas gwyn blasus. Ŵy wedi ei ferwi i de dydd Sadwrn gan fy nhad, a mam wedi mynd i'r dref.

Gallai fy nhad amseru'r clapyn yn berffaith fel nad oedd na meddal na chaled, a gallai wneud llun cwch neu 'sgrifennu fy enw mewn triog ar frechdan dew wastad: byddai mam yn sigo'r dorth fel cwch wrth dorri brechdan, er ei bod hi'n gallu torri brechdan denau, yn well nag o. Fy nhad ddysgodd fy llythrennau i mi, ar y sgwariau ar yr orcloth bwrdd, efo "pensel lâs" a gadwai ym mhoced ei wasgod, a'i llyfu yn ddefodol bob hyn a hyn i'w gwlychu. 'Doedd wiw meddwl cael benthyg y bensel lâs – fe wnâi pensel gyffredin y tro i mi, i sgriblo ar bob darn o bapur y medrwn gael gafael arno, hyd yn oed lyfrau fy nhad, ac y mae rhai yma o hyd a'm campweithiau blêr arnynt. 'Roedd brawd ieuengaf fy mam, Yncl Gwyn, yn y fyddin, a byddai hithau yn ysgrifennu ato ac yn edrych ymlaen i gael llythyr yn ôl ganddo. Byddai yna bob amser ryw gyfarchiad bach i mi, ac ambell dro byddai yn llwyddo i anfon parsel bychan o fferins i mi, ei ddogn ei hun mae'n siŵr, ac felly y profais i fy "Mars bar" cyntaf erioed. 'Roedd hi yn werth i minnau felly geisio sgriblo llythyrau i ddyn clên y siocled! Sgriblwn lathenni o rwdl ar fân bapurach, a byddai Frank y postmon, bendith arno, yn eu cymryd yn ddifrifol gennyf yn y 'Bertha ac yn addo eu postio. Byddai'r Mars yn gorfod para yn hir a mam yn sleisio tafell fechan ohono ar y tro, a chadw'r gweddill yn ofalus yn y drôr.

Dysgu dweud faint oedd hi o'r gloch wedyn, yn y beudy ar ddydd Sadwrn gwlyb, ar ôl i fy nhad orffen carthu a dechrau rhoi'r porthiant yn y minsierydd, a'r gwair yn y rheselydd, yn barod i'r buchod ddod yn eu holau ar ôl bod allan yn nôl diod.

'Roeddwn wedi bod fel cysgod wrth ei gwtyn trwy'r pnawn, ac wedi holi a stilian am bob dim dan haul.

"'S'na neb 'di dy ddysgu di faint 'di o'r gloch?"

"Wel mi dysga i di 'ta."

Ac felly fu am weddill y pnawn – cawn fy anfon i'r tŷ bob hyn a hyn i edrych ar y cloc a dod yn fy ôl i geisio dweud yn union beth oeddwn wedi ei weld ar wyneb y cloc, ac yntau yn egluro'n bwyllog sut y mesurir amser ar gloc, a beth oedd chwarter a hanner awr yn ei olygu. Wn i ddim ai dyma'r ffordd orau i ddysgu plentyn faint o'r gloch, ond fe weithiodd. Chawn i byth lawer o drafferth i ddeall pethau os caent eu hegluro'n iawn, nac i ddarllen unrhyw beth, ond yr oedd ysgrifennu'n dwt yn fater arall, pan ddaeth yr amser i roi pwys ar bethau o'r fath! Byddai fy nhad yn falch o fedru manteisio ar unrhyw beth newydd a ddysgwn, gan ei bod o fantais iddo gael rhywun wrth law fedrai bicio i'r tŷ i edrych ar y cloc ac ati! "Cer i'r tŷ, 'na hogan dda a thara hwn ar damad o bapur i mi, ga'l i mi 'i gofio fo." Cyrraedd ac estyn, picio i nôl y peth a'r peth, a gweithredu fel rhyw fath o gi defaid-wrth-gefn oedd fy ngwaith a'm chware yn aml, wrth ddilyn fy nhad o gwmpas y lle fel cynffon, a sylweddolaf yn awr gymaint o amynedd oedd ganddo. Ni chododd ei law erioed ataf, dim ond bygwth, a chodi ei lais yn frawychus! Mam fyddai yn celpio, a gwaeth na hynny, yn taflu cadach llestri gwlyb i'm cyfeiriad os byddwn yn rhy bell o'i chyrraedd! Peth atgas oedd teimlo'r cerpyn llug-oer yn lapio'i hun am fy ngwddf neu goes! Unwaith yn unig y digiodd fy nhad o ddifrif wrthyf. 'Roedd ganddo ffon a bagl cerfiedig arni, wedi ei chael yn anrheg rywdro, ac yn meddwl y byd ohoni. 'Roeddwn erbyn hyn yn yr ysgol uwchradd ac wedi dechrau cael chware hoci, ac wrth gwrs aeth y demtasiwn yn drech na mi, a defnyddiais y ffon arbennig yn lle ffon hoci a waldio'r bagl cerfiedig i ffwrdd! Yn lle cyfaddef, fe luchiais y ffon i dwll yr olwyn ddŵr, a thoc fe sylweddolodd fy nhad nad oedd y ffon yn ei lle arferol, a bu'n holi'n daer ac yn chwilio a chwilio amdani a mam yn fy holi hefyd ond cymerwn arnaf na wyddwn i ddim byd am y ffon. *Cuddio yn yr hen Ysgawen tu cefn i'r gegin allan, yn gwrando arnynt yn trafod.* Bu bron i mi a marw o euogrwydd, a buasai yn well o lawer gen i fod wedi cyfaddef. Daeth fy nhad o hyd iddi yn y diwedd, ac yn lle'r bloeddio disgwyliedig, ddywedodd o ddim byd o gwbl, a mam yn egluro ei fod wedi digio gormod i ddweud dim. 'Roedd hynny yn brifo mwy na chweir iawn. Fy nghelwydd oedd wedi ei ddigio yn fwy na malu'r ffon.

Mae cofio fel hyn yn agor fflodiart, a hen leisiau'r gymdogaeth yn dod yn llifeiriant. Lleisiau dynion yn hysio anifeiliaid, yn harthio ar gwn pen-galed, yn canmol, yn galw'r fuches i'r buarth neu'n hel y moch o'r gwair. Lleisiau merched y gymdogaeth yn galw'r plant am eu bwyd, yn dwrdio rhag ofn i ni fynd i drybini, neu'n dandwn un bach i'w gysuro. Lleisiau oedolion yn sibrwd neu'n trio siarad Saesneg, rhag i ni'r plantos glywed pob peth.

Lleisiau digrif, aflafar y dynion yn y ffair, yng Nhricieth neu Lanllyfni a'r dyn gwerthu llestri ar y Maes yn y dref, a thyrfa gegrwth yn methu a deall sut na buasai'r llestri i gyd yn malu'n deilchion wrth iddo'u pledu'n ddi-daro o law i law!

A'r lleisiau cymdogol – Robin John, a'i lygaid direidus a'i ddawn dweud stori gyfareddol, a minnau yn swatio yn y gongl a'm coesau yn erbyn y popty bach, yn gynnes ac yn swrth ac yn gobeithio eu bod wedi anghofio fy môd yno, er mwyn i mi gael clywed yr hanesion i gyd, fel yr hanes am rywun wedi meddwi ac wedi syrthio i gysgu ar y bws ar y ffordd adref, a'i ffrindiau direidus wedi clymu rhâff wrth ei felt nes ei bod fel cynffon hir yn llusgo tu ôl iddo pan aeth oddi ar y bws a chychwyn cerdded ar hyd y pentref. 'Roedd hanesion diniwed o'r fath o fyd oedolion yn ddifyrrwch mawr i mi yn blentyn. Buan y dysgais wrth dyfu bod mwy o wybodaeth i'w gael wrth wrando nac wrth holi! Fel y cynhesai'r tywydd a'r dydd yn mynd yn hwy, ar y clawdd terfyn y byddai llawer o'r sgwrsio cymdogol yn digwydd, a hynny gan amlaf ar ddydd Sul, a difyr dros ben i blentyn fyddai chware yno wrth eu hymyl a chlust feinio ar y cwbl, a dod i wybod pwy oedd yn y llyfrau, a phwy fyddai wedi troi'r drol yn eu golwg. Sgwrs ffarmio am brisiau'r farchnad ac ati fyddai'r sgwrs at ei gilydd, oni bai bod yna rywbeth neilltuol wedi bod yn *Y Cymro* neu'r *Herald Cymraeg* yr wythnos honno. Dyna'r ddau bapur newydd ddeuai i'n tŷ ni, a byddai'r ddau fel ei gilydd yn cael eu darllen o glawr i glawr – "*anfonwch Molrat*" – a phob dim! Y stori gyfres gan W. J. Davies Talysarn fyddai yn mynd â bryd mam, a minnau yn raddol yn dod i ddarllen mwy o hyd o'r ddau bapur nes dod o'r diwedd i ddechrau swnian am bapur bob dydd fel fyddai yn nhai fy ffrindiau. Ateb fy nhad oedd ei fod yn cael mwy na digon o newyddion drwg ar y radio. 'Roedd yn wrandawr cyson a selog ar bob rhaglen Gymraeg. Byddai fy nhad a'r cymdogion yn cymryd rhywfaint o ddiddordeb yng ngwleidyddiaeth y dydd a byddai yna drafod gwleidyddol ar y clawdd terfyn. Richard Owen Glyn Meibion a'i frawd Ses fyddai yn un bwrlwm siaradus am bob pwnc, gwrandawr a roddai ei bwt yn ei bryd oedd fy nhad. O ran gwleidyddiaeth, ar y cychwyn, hen Ryddfrydiaeth y tir oedd gwleidyddiaeth fy nhad fel ei dad yntau ond yn raddol deuai yn nês at y blaid Genedlaethol, a'i gymdogion yr un môdd, a chofiaf y diddordeb mawr a'r trafod, pan oedd J. E. Jones yn ymgeisydd yn Arfon. Pan drôdd Megan Lloyd George ei chôt a mynd at y blaid Lafur, fe ddigiodd fy nhad wrth y Rhyddfrydwyr. Teimlai ei bod hi wedi bradychu ei chefndir ac nad oedd yna neb ar ôl fedrai ddeall problemau tipyn o ffermwr bach yng nghefn gwlad Cymru. 'Roedd mam yn wahanol, yn cefnogi Llafur yn aml, am mai dyna a wnai ei thad, ac yr wyf yn amau iddi lawer tro yng nghlydwch dirgel y bocs pleidleisio, ddal i roi ei chroes wrth Lafur, waeth faint a bregethai fy nhad na minnau! 'Doedd ganddi ddim diddordeb mewn gwirionedd, ond bod fy nhad yn ei hatgoffa, a minnau i'w chanlyn, beth mor bwysig oedd cael pleidlais, a phobl wedi ymdrechu i'w hennill i ni.

Yn ogystal â rhaglenni newyddion a byd natur, Noson Lawen, Ymryson y beirdd, ambell ddrama gyfres, Caniadaeth y Cysegr a'r Bregeth ar fore Sul, ac Awr y Plant i mi ar nos Fawrth, a nos Iau am *hanner* awr, a mam yn galw "Tyd ma' Wil Cwac Cwac wedi dechra'!" a minnau'n gadael pa chware bynnag fyddai ar dro a rhedeg i'r tŷ; deuai'r radio a'r byd i'r tŷ ar foreau Sadwrn pan fyddai fy mam a minnau yn gwrando ar "Workers' Playtime". Ar fore Sadwrn ar y radio y clywais i'r "Huddersfield Choral Society" yn canu, a cheisio dyfalu wedyn ble yn y byd yr oedd Huddersfield. "All on an April evening..." oedd y gân, ac yr wyf yn hoff o'i chlywed byth, gan ei bod yn mynd a mi yn ôl i'r hen gegin a'r radio bach Pye, oedd bob amser wedi ei sodro ar ben y piano, lle gallai pawb ei chyrraedd wrth fynd heibio, a'r peth cyntaf a wnâi fy nhad yn aml wrth ddod heibio iddi ar ei ffordd i'r tŷ, fyddai ei diffodd, rhag i ni wastraffu'r batri, gan ofyn, rhwng difrif a chware, "be 'di'r hyrdi-gyrdi 'ma?" Ar ôl "niws" naw y byddai fy nhad yn dechrau paratoi am ei wely, yn ddefodol osod ei esgidiau lle y gallai neidio iddynt ar frys pe bai raid, ac yn weindio'r cloc – y cloc gafodd mam yn anhreg priodas gan gapel Salem, Betws Garmon. 'Roedd plât bach prês ar ei wyneb yn nodi'r achlysur, ond bod gwall sillafu yn yr arysgrif. Cawn lawer o bleser yn edrych arno, a gwrando ei dician difyr. Byddai'r cloc bob amser ryw ddeng munud helaeth yn rhy fuan, yn fwriadol, gan y byddai mam bob amser yn hwyr!

Mewn eisteddfodau a chyngherddau o gwmpas yr ardal y byddwn yn clywed darnau o gerddoriaeth a llenyddiaeth, ac y mae llawer i ddrab o'r peth yma a'r peth arall wedi mynnu glynnu yn fy nghôf o hyd. Byddai rhai capeli yn cynnal "Test Concerts" – beth bynnag oedd ystyr hynny, a deuai cantoresau yno i ganu mewn gwisgoedd llaes crand, ar lwyfannau digon simsan yn aml. Cofiaf eistedd mewn cyngerdd o'r fath, yn y canol rhwng mam a modryb i mi, a'r gantores yn bloeddio canu am "cherry ripe – cherry ripe" – pan ddechreuodd yr hogiau oedd newydd wagio'r sêdd flaen, garlamu o gwmpas y capel o'r tu allan, yn dynwared y ddynes, ond heb sylweddoli fod eu cysgodion ar y ffenestri yn achwyn yn glir pwy oeddynt. Cafodd aml un binsied go egr ar ôl cael eu hel yn ôl i mewn! 'R oedd yn ddifyr ar noswaith o aeaf, swatio yn y canol rhwng mam a rhywun arall, yn gwrando ac yn hanner hepian yn y cynhesrwydd, mewn neuadd neu Festri, neu gapel, a'r llwyfan wedi ei godi ar draws y sêt fawr. Arogleuon gwahanol ar bawb – mwg baco ar y dynion, sent rhâd "Evening in Paris!"

gan y merched, ac oglau peli lladd gwyfynnod ar
ddillad rhai: oglau fferins mint hefyd, a swn siffrwd y
papurach yn siŵr o fod yn tarfu ar y bobl ar y llwyfan.
Byddai mynd allan i'r oerni ar y diwedd yn dipyn o
sioc, a'r ffordd yn hir i gerdded adref wedyn, ond
rwystrodd na phellter na gaeaf mo fy mam rhag
mynychu cyngerdd, eisteddfod neu ddrama! Yn aml, os
byddai heb orffen ei gwaith, byddai yn fy anfon i o'i
blaen, a phan ddechreuais i fynychu ambell i eisteddfod
i adrodd, byddai angen mynd yn ddigon buan i
gyrraedd y rhagbrawf, a byddai yna râs wyllt i gael
tamaid o fwyd ar ôl dod o'r ysgol cyn ail gychwyn
wedyn, ar ôl ymolchi a newid, ac ymarfer y darn yn fy
mhen ar y ffordd. Yr oedd aberth fy mam ar adegau fel
hyn yn fawr iawn, ond yr oedd yn gymdeithasgar wrth
natur ac wrth ei bodd cael mynd i fysg pobl, ac fel y
prifiwn, deuwn innau yn fwy o gwmpeini iddi, a chyd-
gerddem adref yn y tywyllwch ar ôl cyfarfodydd, ym
mreichiau'n gilydd, ac yn siarad am bwy oedd yn
arbennig o dda, pwy oedd yn dila, pwy gafodd gam, ac
yn chwerthin llawer, a'n traed fel petaent yn gwybod y
ffordd ohonynt eu hunain. Unwaith, a hithau'n noson
loergan fendigedig a ninnau wedi bod yn eisteddfod
Hermon, Moeltryfan, ac yn berfeddion nos o hwyr ac yn
torri ar draws i lawr dros ochr Muriau i gyfeiriad Cors
Dafarn, ar y llechweddau rhwng Rhosgadfan a
Charmel, pan glywsom sŵn llais yn galw "Help! help!"
o rywle yn y mynydd a minnau'n delwi. "Twt ty'd yn
dy flaen, dim ond Twm Meinar sy 'na yn trio ca'l hwyl
am y'n pen ni!" meddai mam, a'i phydru hi yn ei blaen
i lawr tuag at gapel y Bryn, ac yna i lawr y llwybrau ar
draws y caeau ac am adref. "Fuo na 'rioed ddim daioni

o grwydro'r nos," oedd unig sylw nhad pan gafodd yr hanes, ond a rhyw ddireidi yn ei lygaid. Awn weithiau ddwywaith yr wythnos i Dyddyn Isa' i gael fy nysgu sut i adrodd gan "yncl Twm", fel y galwai'r plant i gyd ef. Mynd yn y tywyllwch ran amlaf, ac wedi codi ofn arnaf fy hun cyn cychwyn wrth wrando ar Gari Tryfan neu rywbeth o'r fath, ar y radio.

Cyrraedd a'm gwynt yn fy nwrn, ac yn falch os byddai yno rywun arall yn cael tro ar adroddiad, er mwyn i mi gael dod ataf fy hun rywfaint. Y r oedd yno le difyr yn y bwthyn glanwaith cysurus ac yntau wrth danllwyth o dân, yn mynd trwy adroddiadau, ac ambell dro, er mwyn ein dysgu, yn adrodd darnau i ni ei hun, fel darnau allan o Awdl Foliant i'r Glowr, ac yn egluro'r ystyr a sôn am y bardd. *Jo'r bwdji yn gwaeddi "Helo! helo!"* ar draws pob dim. Deuai pobl ddiddorol yno weithiau, ac yno y cofiaf gyfarfod yr Archddewydd William Morris, a'i lygaid glâs treiddgar yn pefrio, a'r llais mwyn yn ein cyfareddu. Er fy mod yn barlysol o swil ar adegau, byddwn wrth fy modd cael adrodd darnau o farddoniaeth, a mam bob tro yn prynu'r gyfrol yn siop J. R. Morris yn y dre er mwyn i mi gael y darn i'w gadw. Os cawn hwyl arni byddai yncl Twm wedi ei blesio ac yn dweud hynny, ond os byddwn yn dila, y cwbl ddywedai fyddai "twt-twt! " Cymerai fy nhad a mam ddiddordeb yn yr adrodd a chawn bob cefnogaeth os byddwn yn awyddus i fynd i ryw eisteddfod neu'i gilydd ond mam fyddai yn mynd efo mi, a nhad yn disgwyl amdanom yn ôl yn eiddgar i gael clywed yr hanes i gyd. Fyddai fy nhad byth bron yn mynd i fysg pobl, ar wahân i fynd i'r farchnad anifeiliaid ac i'r dref ar ddydd Sadwrn Nadolig, ac yr oedd dau reswm am hyn, mi gredaf. Yr oedd yn swil, bron yn wrthgiliol, wrth natur, ac yr oedd pob arfod o'i egni yn mynd i ymlafnio gweithio, mewn lle oedd yn rhy fawr i un dyn, ond heb fod yn ddigon mawr i gadw dyn i weithio iddo. "Ffeirio" oedd yr arferiad yn y gymdogaeth adeg fy mhlentyndod, i ysgafnhau peth ar y baich ar adegau prysur. Mae'n wir i'm rhieni gadw "gwas bach" yn y cyfnod ar ôl iddynt "ddechrau byw", cyn fy ngeni i, a byddwn wrth fy môdd yn cael hanes rhai ohonynt gan mam. Llafnau yn syth o'r ysgol oeddynt a rhai hyd yn oed bryd hynny yn argoeli datblygu i fod yn ddynion da gweithgar, ond pob un fel y dywedai mam, "yn blentyn i rywun". 'Roedd un o'r enw William Wyn yn hoffi bod o gwmpas y tŷ efo hi yn hytrach nac allan yn y caeau, a chofiaf hi'n dweud fel y byddai yn golchi'r llawr iddi nes byddai'r teils coch a du yn sgleinio. Clywais hi'n sôn hefyd am Watcyn a Sylvanus a Bracegirdle, ac un stori yr hoffwn ei chlywed o hyd oedd hanes yr wyau. Yr oedd fy rhieni wedi sylwi bod yr wyau yn mynd yn brinnach ac yn brinach ers tua pythefnos, a'r ci oedd yn cael y bai am hela nythod, ond er rhoi mwstard i'r ci, mewn plisgyn ŵy, dal i fod yn brin yr oedd yr wyau, nes i fy nhad ddod wyneb yn wyneb ag un o'r gweision, yn ei chychwyn hi am adref gyda llond ei gap o wyau! "Gynnoch chi ddigon" oedd ei gyfiawnhad, ac ar yr wyneb 'roedd hynny'n wir Yr oedd tyaid mawr ar ei aelwyd gartref a dim gormod i'w rannu, ond yr wyau a rhyw dipyn o fenyn yr oedd yn eu gwerthu i'r coparet yn y pentref cyfagos yng Ngharmel oedd cyflog wythnos fy nhad hefyd. Nid oedd yn llawndra ar neb yn y Tridegau, ac y mae gennyf hen lyfr cownt fy nhad o'r cyfnod, sy'n dangos beth oedd y prisiau ar y pryd. Ym mis Mehefin 1934 fe gafodd ddeuddeg punt am *"heifer goch goes wen"* a £16.0.0 am "dri mochyn tew i Eissac Parry & son" ac ym mis Medi yr un flwyddyn mae cofnod ganddo iddo *"ffeirio heifer goch am heifer ddu a llo o Bryn Ifan.* Cafodd fargen gan ei dad mae'n debyg. Ym mis Hydref 1934 cafodd £15.15.0 "am fuwch lâs yn ymyl llo" yn y mart ym Mhenygroes ac yn ddiweddarach yr un mis fe brynodd *"lo tarw gan G. Davies Hendre Bach am £5.0.0."* Byddai marchnadoedd bryd hynny ym Mryncir, Penygroes, Caernarfon ac ym Mhorthaethwy a Llangefni. Ym mis Chwefror yn 1935 gwerthodd ddau fochyn bach i ryw Charles Williams o Rosgadfan, felly mae'n rhaid bod ganddo hwch fagu ei hun erbyn hynny. Cofiaf mam yn dweud hanes hwch un tro, wedi mynd ar goll a neb yn medru dod o hyd iddi na dyfalu i ble y gallasai fod wedi mynd, pan ddaeth hanes amdani yn y pentref yn gorwedd, wedi diffygio, ar stepan drws y tŷ tafarn, ym Mhen-nionyn, ac yn ôl y sôn bu llawer o dynnu coes fy nhad ar ôl hynny! Yn ogystal â'r llyfr cofnodion prynu a gwerthu, y mae gennyf hefyd hen ddyddiadur 1931, oedd ddwy flynedd cyn iddo briodi- gan rhyw gwmni bwyd anifeiliaid o Lerpwl, ac o dan y "Personal Memoranda" ar ei ddechrau mae fy nhad wedi cael hwyl ddiniwed yn cofnodi celwyddau, megis rhif ei gar, pan nad oedd ganddo ond moto-beic, a *telephone No. 771, a season ticket no: Mae'n honni bod ei height yn 6ft! – ac yntau yn ddyn byr iawn. Cofnodi ei ddychmygion, debyg! Ym 1934 ym mis Ionawr mae wedi dechrau defnyddio'r llyfryn hwn i gadw cownt o'r rhai fyddai yn dod a buchod at y tarw, ac yr wyf wedi cael llawer o bleser yn datllen trwy'r cofnodion ac yn sylwi ar enwau y bobl ac enwau'r ffermydd a'r tyddynod o fewn cylch pur eang fyddai yn cerdded eu gwartheg yno. Lawer tro, dychmygais fy nhad yn llewys ei grys, wrth dalcen y bwrdd, yn cofnodi yn ei lyfr bach, heb feddwl y byddai neb yn ei drysori!*

• • • • •

Ym 1933 y priododd fy rhieni, yng nghapel Glanrhyd, a dod i ddechrau byw ym Mraichtrigwr, cyn symud am gyfnod byr ac anhapus i fy nhad i Dyddyn Gwydd, Rhostryfan. O'r fan honno yr aethant i'r Buarthau, oedd wrth ymyl cartref fy nhad ac yn y fan honno ar brynhawn Sul barugog y ganwyd fi. Mrs Gruffydd Tŷ Newydd, Capel Uchaf oedd y fyd wraig a'r hen ddoctor Rowlands o Benygroes yn goruchwylio ac yn ceisio perswadio fy mam i'm galw yn Arsula, ond trwy drugaredd cytunwyd i'm galw ar ôl fy nain Tyddyn Bach. *Bu fy rhieni saith mlynedd cyn fy nghael i.* 'Roedd eu cefndiroedd yn wahanol, fy mam yr unig ferch o chwech o blant i chwarelwr, mewn cyfnod pan oedd mynd da ar y chwareli ac yr oedd wedi arfer cael dillad da, watch aur ar ei garddwrn a phiano newydd yn y parlwr, tra yr oedd fy nhad yr hynaf o bump ac wedi ei fagu i galedwaith ar fferm fawr bedwar can acer.

Arferai godi'n gynnar gyda'r gweision i borthi ac ati ac yr oedd sôn amdano ef a'i frawd Seimon yn pladurio rhedyn wrth odre'r Bwlch Mawr pan yn ifanc iawn. Yr oedd yn ei elfen gyda cheffylau gwêdd, a gallai blethu yn arbennig o gywrain, ac aredig cwysi unionsyth, ac yr oedd ei ddwylo mawr llydain yn arwydd o'r gwaith yr oedd wedi ei wneud yn ei oes. Yr oedd fy nhaid yn fab Hendre Cennin yn Eifionydd a nain yn ferch i Judith Gruffydd a Seimon Roberts, a Bryn Ifan lle magwyd fy nhad oedd cartref fy nain. Yr oedd hi yn ddynes hynod o annwyl ac wrth ei bodd yn piltran gyda gwahanol fathau o dda pluog ac yn ôl yr hanes gwnai winoedd a bwydydd o bob math, ac yr oedd yn ymddiddori mewn llysieuaeth. Yr oedd fy nhad yn meddwl y byd ohoni ac yn sôn wrthyf finnau am rai o'r pethau y byddai yn eu gwneud, i wella clefydau dyn ac anifail. Wrth ei chwtyn hi yr oedd fy nhad wedi dysgu sut i wneud jeli, ac un tro, wedi i fy mam fynd i gymanfa, bu yn fy nysgu i sut i wneud jeli mwyar-duon, a hidlo'r sudd trwy "fyslin" o'r tŷ llaeth a llond y tŷ o wenyn meirch erbyn i mam ddod adref, wedi eu denu gan y siwgr!

• • • • •

Dynes fer oedd fy nain a nhaid yn ddyn mawr ac yn cael ei gyfrif yn ddyn caled, yn mynnu gweld pawb yn gweithio o fore tan nos, ond yn ôl fy mam yr oedd ganddo yntau ei ochr feddal ac fe rannai ei geiniog olaf, ac yr oedd yn gallu colli dagrau yn hawdd. Byddai wrth ei fodd gyda phlant bach a chlywais mam yn dweud fel y byddai yn fy ngwarchod tra byddai hi a nain yn y capel, ac wedi tynnu pob llestr oddi ar y dresel i'm difyrru! Cyn fy ngeni i byddai yn dod i aros at fy rhieni gyda phoni a thrap, a dod a chlap o sebon babi gydag o i ymolchi, gan fod ei groen yn neilltuol o dendar. Gan fy mam y byddwn yn cael y rhan fwyaf o'r hanesion, gan ei bod hi yn un dda am gadw'r côf am bethau yn fyw trwy ddweud yr hanes, er nad oeddwn yn gwerthfawrogi hynny ar y pryd, a byddwn yn cwyno fy môd wedi eu clywed i gyd o'r blaen!

Mam gadwodd ryw fath o ddarlun yn fy meddwl o'i

rhieni hi ei hun, gan i fy nain Tyddyn farw'n frawychus o sydyn flynyddoedd cyn fy ngeni. 'Roedd gan mam yn y tŷ, bethau yr oedd ei rhieni hi wedi eu trysori o'u cartrefi hwy, fel y ddau gi gwyn ar y silff ben-tân, oedd wedi dod o gartref ei thad, yn y Gwynfryn, Rhosgadfan. Wrth iddi eu tynnu i lawr i'w glanhau byddai yn dweud wrthyf o ble y daethant. 'Roedd wedi cadw ffrog yr oedd llun o fy nain yn ei gwisgo, ffrog gotwm a phatrwm mân arni mewn lliwiau tlws o "terracota" a hufen a glas golau, a choler fawr o liw hufen. Eistedd yr oedd yn y llun, gyda fy nain arall, wrth dalcen tŷ Tyddyn Bach, a bûm yn dyfalu a dychmygu lawer tro beth tybed oedd eu sgwrs wrth eistedd yno yn llygad yr haul. Bûm yn chwarae â'r ffrog nes aeth yn garpiau! Mae gennyf hefyd depod bach ar ffurf bwthyn, a oedd yn eiddo i'm nain, a hefyd "giard" aur yr oedd fy nain wedi ei chael gan ei thad hi, oedd yn ddyn o Sir Fôn, o ardal Llangaffo, yn ôl mam, ac wedi dod i Rosgadfan, i'r Pantiau, pan oedd mynd ar y chwareli.

Mae gennyf lun yn fy meddwl o'm *taid Jôs*, tad fy mam, yn ei wely. Yr oedd yn wael ac eisiau fy ngweld ond gwrthodwn yn glir a mynd i'w olwg, nes yn y diwedd, gael fy hanner perswadio, hanner gwthio i fyny'r grisiau, a nogio'n llwyr wrth ddrws ei lofft. Dyna lle 'roedd y dyn a gwallt gwyn cyrliog, yn eistedd yn ei wely gwyn mewn pyjamas streipiog ac yn codi ei law arnaf. Welais i mohono wedyn, ac y mae ei lais wedi mynd yn llwyr o'm hymwybyddiaeth. Mae digonedd o luniau ohono wedi goroesi, wedi i'm hewythr Gwyn eu tynnu, ac mewn rhyw ffordd ryfedd fe roes fy mam leisiau iddo ef a nain, trwy adrodd yr hanesion a defnyddio'u dywediadau. Nid dieithriaid mohonynt.

Rhyw chwech oed oeddwn pan fu farw tad fy mam ac ni chefais fynd i'w angladd, ond yr oeddwn yn ddeuddeg oed pan fu mam fy nhad farw ac fe wnaeth hynny argraff fawr arnaf. Poenwn bod dad yn galaru, ond 'doedd o'n dweud dim!

Gallaf gofio mwynhau crio llond fy mol a gweld fy hun fel cymeriad mewn stori drist. Y fynwent yn y mynydd yn llonydd, ddistaw ond bod llais y pregethwr yn fwyn a lleddf, a'r haul yn crasu ar ein gwariau. Pawb yn eu du, ac yn sychu llygaid â hancesi claer wyn.

Blodau na fu'r fath beth, am ei bod hi mor hoff ohonynt, ac yn sydyn, swn ehedydd bach yn sbedan canu yn y glesni uwchben. Synfyfyrio a rhyfeddu a hofran fel pe bawn rhwng deufyd, yno yn Nhai Duon fy hynafiaid.

'Roedd arnaf ofn marw.

Pregethwr yn y capel yn gweiddi a tharanu am farwolaeth a thân uffern ac yn codi ofn mawr arnaf – Dianc ar ôl te i'r cae pistyll, o olwg pawb, i feddwl. Meddwl a meddwl am eiriau'r pregethwr a dal i glywed ei lais yn fy mhen. 'Roedd hi'n ddiwrnod mor braf a'r dail ar y coed yn llonydd. Haul ar y blodau llygaid y dydd yn gwneud iddynt wincian, a'r gwartheg yn gorwedd yn ddioglyd ac yn cnoi eu cil. 'Doedd arna'i ddim eisiau marw a gadael hyn i gyd. Crio a chrio a mynd ar fy ngliniau ar y borfa a chrefu ar Dduw i adael imi fyw ar y ddaear braf yma. Y Duw yr oedd dad wedi fy nysgu ei fod yn gariad, nid Duw atgas y pregethwr.

Mae tapesri'r capel yn fy nghôf yn ddu ac yn felyn. Melyn y pren golau, dan lafnau o haul, lleisiau yn canu a'r hen organ bach yn grwnian a thuchan. Mam o hyd yn hwyr ar ôl tuthian ar hyd y llwybrau ar draws y caeau ac yn fy llusgo i'w chanlyn i sêdd yr organ, a'r gynulleidfa bron darfod canu'r emyn cyntaf, pan fyddai yn dwrn iddi hi fynd at "yr offeryn" Arogl paraffin, a fflagiau o barddu yn disgyn ar bawb mewn oedfa aeafol. Llond sêdd o lafnau ifanc yn piffian chwerthin wrth weld y pregethwr a'r blaenoriaid syber a'u ffroenau yn ddu gan barddu o'r gwresogyddion paraffin. Mynd i chwerthin yn y capel am y pethau lleiaf a'n gwasgu'n hunain nes bod bron ffrwydro mewn ymdrech i'n rheoli'n hunain. Pregethwr llyfn-dew, penfoel a alwem yn *ddyn Monc a glas*, ar ôl y llun ar bacedi "blancmange" neu rywbeth o'r fath. Swn defaid yn brefu a chwn yn cyfarth, yn gymysg â'r swn defosiwn, yn yr haf a'r drysau yn agored.

Oedfa fore'r Diolchgarwch a mynd i'r capel yn llaw fy nhad a'r holl ddiwrnod yn arbennig, am fy mod yn gwybod yn iawn pam ein bod yno, ar ôl cael digon o fwyd ar gyfer yr anifeiliaid am y gaeaf, a'r ŷd wedi ei ddyrnu a'r sachau grawn yn ddiogel yn llofft yr ŷd. A byddem yn cael ein dillad gaeaf newydd ar gyfer y cyfarfodydd Diolchgarwch, a dyna ddifyr fyddai syllu ar yr hetiau a'r cotiau yn oedfa'r nos, pan fyddai pawb wedi dod i'r capel, y rhai selog a'r rhai "achlysyrol".

Y du yn yr atgof yw'r bloeddio o'r pulpud a'r codi ofn wrth rygnu am bechodau ac am "haeddiant yn uffern", a neb byth yn gallu egluro beth oedd pechod na sut le oedd yn y nefoedd nac yn uffern. Gofyn i nhad un tro, ac yntau yn gwnio sachau yn llofft yr ŷd, beth oedd *rhagrith* ac yntau yn pendroni cyn mynd ati i egluro, trwy ddweud stori am ddau ddyn, gan fy siarsio i gofio mai "stori neud ydi honna!" Gwnaeth yr eglurhad hwnnw fy nhro am flynyddoedd! Fyddai fy nhad ddim yn gapelwr selog ond fe wnai ymdrech i fynd i wrando ar rai pregethwyr, rhai yr oedd yn eu hadnabod neu yn eu parchu, ac un o'r rhai hynny oedd Stafford Thomas, Gatehouse, a chofiaf fy nhad yn dweud "Cofia di wrando'n iawn ar y dyn yna." Flynyddoedd yn ddiweddarach y deuthum i ddeall ei fod yn heddychwr. Gwn yn iawn i mi fod yn gib ddall ddwl yn rhy hir ynglyn â'r hafog a wnaeth y rhyfel ar fy nhad a'i debyg. Gwn hefyd fod fy nhad yn Gristion ymarferol, yn gymwynaswr oedd yn fodlon mynd yr ail filltir, ac yr oedd yn olau iawn yn ei Feibl, yn gallu dweud yn union ym mha bennod ac adnod i ddod o hyd i bethau.

Gwraig yn y Seiat yn crio wrth ddweud ei phrofiad, a minnau wedi cynhyrfu'n lân. Pan aeth mam a minnau adref a dweud yr hanes, ymateb fy nhad oedd – "tydw'i wedi deud na tydi'o ddim yn lle i blant".

Yr oedd mam yn gapelwraig, ac wrth ei bodd yn mynd, waeth beth fyddai'r cyfarfod, a chafodd lawer o gysur ar hyd ei hoes yn y capel – Edmygais ei ffydd seml yn aml, pan fyddwn i yn ymlafnio i ddod o hyd i unrhyw beth y gallwn gydio ynddo.

Â'r cofion am nos Suliau yn ôl ymhellach hefyd, i Gapel Uchaf. Lleisiau yn canu a minnau ar fy nhraed ar ben y sêdd yn edrych o'm cwmpas ac yn bloeddio nerth esgyrn fy mhen i ganlyn y gynulleidfa, dan yr argraff fy mod yn canu! Chefais i ddim mynd am hir ar ôl hynny, rhag i mi greu styrbans!

'Roedd yn brafiach beth bynnag, gael fy ngwarchod gan fy nhad a bwyta sbâr pwdin reis o'r popty bach wrth ochr y tân . Ar un o'r nos Suliau hynny yr aeth a mi am dro, a gwrando ar y "lleisiau" yn y gwifrau teliffon a dweud yn ddifrifol bod un o'n cymdogion "ar y ffôn rwan hyn efo rhywun yng Nghlynnog". Minnau'n synnu ac yn gwrando'n astud, a theimlaf ryw gyffro plentynaidd hyd heddiw bob tro y clywaf lais y gwynt mewn gwifrau! Sŵn ieir wedyn yn mynd â mi yn ôl i'r "capel ieir" y byddwn yn ei chware yn eu canol, ac ambell i hen iar ori yn clowcian yn flin ac yn codi ei phlu yn un rwff ffyrnig, os awn yn rhy agos at ei chywion!

Wrth reswm nad oedd pob llun yn olau na phob dim yn rhamantus ddifyr!

Rhowlio Twm y gath, a'i fowldio fel petai'n does, ar y bwrdd, ar ôl gweld mam yn rhowlio crwst! Ei grwndi cyfeillgar yn troi yn chwythu a phoeri a mam yn rhedeg ac yn dweud "lwcus am dy ll'gada di!" Wyddwn i ddim yn iawn beth oedd colli llygad yn ei olygu nes gweld anti Gwyneth ifanc, dlos, cyfnither fy nhad, a'i phen wedi ei lapio mewn rhwymynau ar ôl iddi fod mewn damwain ar y ffordd. Sylweddoli bod yna bethau perygl yn y byd, a dyna gychwyn ar gyfnod o fod ofn pob mathau o bethau, yn fleiddiaid ac anghenfilod a phethau na allai neb ond y fi eu gweld!

Yn fy ysgol newydd byddai'r plant yn chware "faint ydi o'r gloch Mistar Blaidd?" – ac un plentyn yn cael ei ddewis neu yn ei ddewis ei hun i fod yn flaidd, ac ar ôl i'r plant ei biwsio a'i holi faint oedd hi o'r gloch sawl gwaith, byddai yn troi yn sydyn, ac yn rhedeg ar ôl y plant nes dal un, a hwnnw wedyn yn cael bod yn flaidd. 'Roedd yn hwyl fawr, ond wyddwn i ddim cyn hyn am fodolaeth bleiddiaid na'u bod yn bethau perygl! Soniodd neb ym Mwlchderwin am fleiddiaid!

Tua'r un adeg fe gawsom stori'r Hugan Goch Bach gan yr athrawes, ac ar ôl hynny fe dyfodd y syniad o flaidd yn fy meddwl tu hwnt i bob rheswm, a dechreuais wrthod mynd i'r ysgol. O ganol ei thrafferth bu raid i fy mam fy nanfon unwaith eto, bob cam at yr ysgol, a chlywais hi'n dweud iddi un bore adael i mi fynd fy hun, ar ôl dod i olwg yr ysgol, a sefyll i'm gwylio, ar y clip o dan Glan Gors. Wrth i mi fynd heibio i lwyn o goed ar ochr y ffordd, gwelodd fi yn mynd ar fy nghwrcwd ac yn cerdded felly, cyn codi ar fy nhraed a chymryd wïb weddill y ffordd ar hyd y llwybr. Y drwg oedd na wnawn i gyfaddef beth oedd yn bod, ac yn y diwedd bu raid i fy nhad fy nanfon, a gallaf gofio'r bore yn iawn. Ar ôl i ni fynd beth ffordd, fe safodd a dweud "Yli, raid iti fynd dy hun o fan hyn, a dim lol, ne' mi chwipia'i dy dïn di!"

Yr oedd arnaf gymaint o gywilydd fel mai mynd yn dawel fu fy hanes ar ôl y bore hwnnw, er na ddiflannodd yr ofn blaidd am hir iawn. Dechreuais wedyn ddeffro yn y nos, yn gweld ffurf y blaidd yn gorwedd ar draed fy ngwely, a gwaeddi nerth esgyrn fy mhen wedyn. Fy nhad yn codi ac ar ôl iddo gael allan beth oedd yn bod, eisteddodd ar draed y gwely a dweud – "Ddaw o ddim ar dy gyfyl di eto, 'rydw'i wedi ista arno fo!"

Tua'r amser yma hefyd y bu gen i ffrind ddirgel – Glenys, Hendre'r Blew!

'Roedd hi'n ffrind eithriadol o werthfawr ar y pryd, fel petai wedi dod efo mi o'r hen ardal, yn gyfarwydd a chynnes ac wrthi hi y byddwn yn dweud pob peth. Byddwn yn cyd-gerdded o'r ysgol a llond y ffordd o blant eraill, ac yna yn eu gadael wrth Ben y Bont a cherdded y gweddill o'r ffordd ar fy mhen fy hun, a dyna pryd y byddai Glenys yn dod i'r fei. Adroddwn wrthi bob dim y byddwn wedi ei wneud yn ystod y dydd, y pethau na hoffwn yn ogystal â'r pethau difyr, a byddwn yn cynllunio efo hi beth hoffwn ei wneud ar ôl te! Chwarae dwy bêl neu sgipio trwy gortyn, gwneud dillad dol, mynd am dro a dal pen rheswm. Wrthi hi y byddwn yn dweud pwy fyddai wedi cael dillad newydd neu pwy ddaeth a doli i'r ysgol, a sut ddol yr hoffwn i ei chael – un yn medru cau ac agor ei llygaid a gwneud sŵn! – yn lle'r hen un glwt ben tegan oedd gen i. Byddai Glenys yn dweud hanesion wrthyf finnau hefyd, yn rhyfedd iawn, a'r rheini yn ddiddorol ac yn lliwgar. Bu Glenys yn gwmni i mi am amser go hir ond yn raddol, fel y gwnawn ffrindiau go iawn, byddai yn fwy cyndyn i ddod ataf ar waelod y lôn, ac yn llai diddorol pan ddeuai. Un diwrnod, a minnau yn cerdded i fyny'r lôn at fy nghartref ac wedi llwyr ymgolli mewn sgwrs efo Glenys, cododd pen cymydog i'r golwg dros ben y clawdd ac meddai "O, ar ben ych hun 'rydach chi!"

Ddaeth fy ffrind ddychmygol byth ataf ar ôl hynny.

'Roedd hi'n oer a digysur yn y gaeaf, a'r ffordd yn hir i gerdded o'r ysgol, yn wlyb, a llwglyd yn aml, ar ôl gwrthod bwyta'r rhan fwyaf o'r bwyd yn yr ysgol. Hen beth anghynnes oedd gwlybaniaeth rhwng crys a chroen, a chroen fy nghliniau yn torri gan yr oerfel. Edrych allan trwy'r ffenest yn yr ysgol ambell i b'nawn a gweld y dail ar y coed yn troi tu chwyneb a'r glaw yn dod. Ceisio rhedeg i arbed gwlychu ac weithiau, gofio'n sydyn bod fy rhieni wedi cael bocsied o 'falau cadw gan fy ewythr Wmffra o'r Bodfan neu gan fy modryb Tyddyn Hen, Clynnog. Gobeithio yr holl ffordd adref fod mam wedi gwneud pwdin, a sirioli trwyddof os byddai pwdin yn berwi yn y sosbon ddu ar y tân. Awn ymhell iawn am bwdin afal fel un fy mam! Crwst siwet mewn powlen a'i lond o afalau wedi eu malu yn fân, a chauad o grwst ar y cwbl! Bwyd arall y byddwn yn awchu amdano oedd tatws yn y popty a moron wedi eu malu yn fân. Brâf fyddai cau llen dros y ffenest ar dywyllwch mis Tachwedd ac eistedd yn fol-dynn wrth danllwyth o dân, a golau'r lamp yn taflu cysgodion hirion i'r corneli. Yr oeddwn wedi fy argyhoeddi fy hun fy môd yn gwbl ddiogel rhag unrhyw fwganod, yn y tŷ efo'r gath yn gwmni, tra byddai mam allan yn y beudy efo fy nhad, cyn belled a bod y gath yn peidio a dechrau syllu i un cyfeiriad

Os byddai yn syllu i gyfeiriad y tŷ llaeth, oedd yng nghefn y tŷ, byddwn yn siŵr fod rhywbeth yn cuddio yno ac yn aros i neidio arnom! Cawn oriau o hwyl a phleser yn chware efo cwn a chathod, ond byddai raid boddi rhai bach weithiau a byddwn yn ei chael yn ofnadwy o anodd derbyn fod fy nhad o bawb, yn medru gwneud y fath anfadwaith. Os deuwn o hyd i gathod bach cyn iddo fo wneud, byddwn yn ceisio'u cuddio, ac yn llefain a nadu yn y môdd mwyaf os deuai o hyd iddynt a'u difa. Unwaith y byddent wedi agor eu llygaid, byddent yn cael byw, gan na fedrai fy nhad eu boddi a hwythau yn edrych arno! Cefais fy mherswadio gan fy nhad mai dim ond pedair cath yr oeddym i fod i'w cadw ar y tro, ac nid oedd wiw meddwl cael cadw cath fach wryw, waeth pa mor ddel. "Fydd hi ddim yn ddel yn piso ym mhob man!" fyddai ateb fy nhad, ac wrth gwrs yr oedd yn bwysig cadw bwyd yr anifeiliaid yn lân. Yn yr haf, byddwn yn casglu coflaid o gathod bach ac yn sleifio efo nhw i fyny'r grisiau, gadael iddynt chwarae yn y llofft nes blino, ac yna eu rhoi wrth fy ochr o dan y dillad, nes deuai mam "Wel yli be' sy'n fan hyn!" a'u codi yn ei hafflau yn docyn o flew meddal swrth, a mynd a nhw at eu mam. Finnau, erbyn hynny yn cysgu'n sownd, wedi fy suo gan wrês a chrwndïo'r cathod bach.

Cadwai fy nhad darw a llawer i b'nawn yn yr ysgol cofiwn yn sydyn am fy nhad a'r tarw, a dechrau poeni am fy nhad. Byddai'n hwyr gennyf gael cyrraedd adref i weld ei fod yn sâff, a'r hen darw du yn pori'n dawel yn y cae canol, lle byddai wedi cael ei gau ar ei ben ei hun. Wn i ddim ai penyd yr unig blentyn yw poeni am ei rieni, ond gwneuthum i fy siar.

Ni fwriadwyd i mi fod yn unig blentyn, gan i fy rhieni golli merch fach, farw-anedig, yn fabi seithmis pan oeddwn i tua'r wyth oed. Dydd Sadwrn oedd hi, a minnau adref i weld a chlywed y cwbl. Yn ôl yr arfer yn yr oes honno yr oedd fy rhieni wedi ceisio celu'r cwbl oddi wrthyf, ac heb sylweddoli fy môd yn gwybod fod fy mam yn disgwyl. Yr oedd mam fy ffrind gorau hefyd yn feichiog yr un adeg, a chan fy ffrind y clywais fod fy mam a'i mam hithau yn mynd i'r clinig yn y dref, yr un adeg. Yr oedd Brenda yn brofiadol yn y pethau hyn gan fod ganddi ddau frawd yn barod. Yr oedd y ddwy ohonom wedi dechrau edrych ymlaen am y babanod! Heb yn wybod i mam yr oeddwn wedi bod yn clust feinio pan fyddai hi a merched eraill yn trafod, ac yn troi i'r Saesneg i geisio rhoi llwch yn fy llygaid. Lle ardderchog oedd fferm i ddod i delerau â dirgelion bethau bywyd, wedi'r cwbl 'roedd ceiliog yn sathru iâr yn un o olygfeydd mwyaf cyffredin y buarth-a dim ond i mi sleifio i'r llofft pan ddeuai pobl a'u buchod at y tarw, cawn atebion heb holi'r un cwestiwn! Gwn fy môd yn wyth oed yn gwybod llawer mwy am betheuach oedolion, nag y tybiai fy rhieni. Yr oeddwn erbyn hyn hefyd wedi dechrau gwrando ar blant hŷn yn siarad, ac wedi cysylltu'r hyn glywn â'r hyn welswn o'm cwmpas ar y fferm. Yr oedd fy mhen yn un cowdel yn aml iawn! 'Doedd creu babanod ddim yn beth neis iawn, ond mae'n rhaid ei fod o'n iawn os oedd ein rhieni ni yn ei wneud!

'Roedd mam wedi dechrau gwaedu y diwrnod cynt ac yn lle mynd i'w gwely a galw meddyg, yr oedd wedi parhau i geisio gwneud ei gwaith, ond ar y bore Sadwrn, aeth fy nhad i nôl cymydog, William Lewis yr Hafod Boeth, oedd yn rhiant ei hun a chanddo gar cymwys i fynd a hi yn syth i'r ysbyty. Dyna pryd y sylweddolais i fod yna rywbeth yn bod, pan ddywedodd mam bod William Lewis yn mynd a hi i Fangor i'r *hospitol* ac i mi fod yn hogan dda i dad. Yr oedd Bangor cyn belled a "phen-draw'r-byd!" Dyna un o'r dyddiau rhyfeddaf i mi ei dreulio erioed, ni allwn gyfaddef wrth fy nhad fy mod yn deall am y babi, ac ni wyddwn mai'r babi oedd yr helynt beth bynnag. 'Roedd yntau ar binnau ac yn dweud fawr ddim. Ni allodd fynd i ddanfon fy mam, yr oedd yn rhaid aros efo mi, ac yr oedd yn rhaid i rywun ofalu am yr anifeiliaid! Âi dau beth trwy fy meddwl, sef y byddai mam yn dod adref efo babi bach, a phob dim yn iawn, neu bod mam yn ddifrifol wael ac mai dyna pam yr oedd fy nhad mor ddi-ddeud. Gan nad oedd mam wedi gallu nôl y negeseuon am yr wythnos, bu raid i mi fynd efo fy nhad, i ddal y bws dri i fynd i'r dref, ar ôl cael slempan cath o 'folchiad. Ar y bws yr oedd rhai yn holi fy nhad a gwelwn rai o'r merched yn sibrwd ymysg ei gilydd a chlywais rywun yn dweud "bechod, peth bach". Dyna fo! yr oedd hynny'n ddigon i mi, yr oedd mam yn mynd i farw! ond pam na fasa dad yn deud rhywbeth?

Y noson honno codais yn y nos a chroesi'r landin oer a stwffio i'r gwely tu ôl i fy nhad, a theimlo'n ddiogel tu ôl i'w gefn cynnes. Deallais toc, wrth wrando ar y sgwrsio mai wedi "colli" yr oedd mam, a deuai pobl draw i ofalu am fwyd i ni, anti Nel, Waenfawr yn un, ac anti Janat glên, garedig oedd yn hanner chwaer, llawer iau, i'm taid Tyddyn, a chefais fynd adref o'r ysgol un diwrnod gyda'm cyfyrder Dei i gael te. Daeth yncl Wil ac yncl Jac, brodyr mam hefyd, a chael swper efo ni, wedi i fy nhad ei wneud. Iau mochyn gawsom ni, ein mochyn ni ein hunain a finnau yn bwyta yn iawn am mai dad oedd wedi ei ffrio ac am bod fy nau ewythr yn canmol mor flasus oedd! Un diwrnod deuthum adref o'r ysgol a chael mam yno, yn eistedd wrth y tân yn ei dillad gorau ac yn edrych fel dynes ddieithr am funud, ond yr oeddwn yn falch ofnadwy o'i gweld, a hithau finnau ac ni symudais o'i hochr y noson honno! Chefais i wybod dim ar y pryd ond ar ôl i mi ddod yn hŷn, cefais lawer i sgwrs efo mam am yr adeg honno, a pha mor anodd oedd hi, a ninnau heb gar, a neb beth bynnag bryd hynny yn ystyried llawer ar deimladau plant bach. Tua'r adeg yma y cefais i ecsima ar fy nghlust! Yr oedd fy ngwallt yn hir ac yr oeddwn wedi bod yn crafu a chrafu heb i neb sylwi, ond un noson ar ôl dod o'r ysgol yr oeddwn wrthi'n crafu pan ddaeth fy nhad i'r tŷ, "Be'di'r holl grafu 'ma?"

Cododd fy mam y gwallt ac yr oedd y ddau wedi dychryn gweld yr olwg ar fy nghlust, a'r croen wedi cremstio i gyd. Fore trannoeth am y doctor a mi yn lle mynd i'r ysgol, ac ar ôl un olwg dywedodd hwnnw mai *ecsima* oedd y drwg ond fy mod wedi ei ffyrnigo wrth grafu efo dwylo budron. Cefais eli melyn fel mwstard i roi ar y glust, a hwnnw yn hen beth annifyr ac yn staenio pob dim, ond fe wnaeth y tric a chliriodd y glust yn llwyr. Welais i'r un arwydd o'r aflwydd ar ôl y tro hwnnw nes y daeth yn ei ôl yn ystod gwaeledd olaf mam. Mae fel petai pryder yn ei ddangos ei hun trwy fy nghroen!

Mae hyn wedi fy atgoffa pa mor fudr y byddai fy nwylo yn aml, nes deuthum yn falch yn fy arddegau. Byddwn yn chware gyda chwn a chathod, ac yn turio i chwilio am drysor neu i gladdu llygod a thrychfilod meirwon y byddwn yn dod o hyd iddynt ar hyd y lle. Cofiaf anti Janat yn dod draw un tro ac yn gafael yn fy nwy law a gofyn "a be' ti am blannu dan y gwinadd 'ma?" – Cododd fi ar ei glin wedyn a thorri'r ewinedd yn daclus a sgwrsio am hyn a'r llall yr un pryd, a minnau'n syllu yn ei hwyneb trwy'r amser.

Byddwn wrth fy modd pan ddeuai pobl ddieithr i de neu swper, byddai mam wedi hel pob dim bwytadwy i'r bwrdd a deuai fy nhad i'r tŷ yn gynt nac arfer, a byddai yna hen sgwrsio a chwerthin wrth y bwrdd ac wrth y tân. Fyddai yna ddim byd yn galw, dim ond mwynhau'r gwmniaeth, a neb yn cofio bod yna amser gwely! Anti Janat ac yncl Huw Emlyn, a hwnnw'n adrodd rhigymau digrif . . . "Dau Huw Huws a dwy ha-ha./Dau forfil a dwy ferfa!" Yncl Jac ac anti Ribéc o Isfryn, Rhos Isaf, lle y daethant i fyw o ben Allt Coed Mawr uwch ben Waenfawr. 'Roedd Jac yn gefnder i fy nain ac wedi bod i lawr yn y De yn y pwll glo ac wedi cyfarfod Rebecca yn ferch ifanc lygatlas a syrthio mewn cariad. Daeth hithau yn wraig ifanc i fyw ar ben y mynydd, a magu tair o ferched golau hardd. 'Roedd hi'r stori garu orau i mi ei chlywed. Deuai Ribéc ar ei hald yn aml, a'r arlliw o iaith y De yn dal ar ei lleferydd; ac yr oedd Jac yn gymydog da i nhaid yn Rhos Isaf. Daeth cefnder i fy nhad o Ganada unwaith hefyd, efo'i wraig a'i ferch Gwen, oedd yr un oed a mi, ond yn ddwbl fy maint ac o bryd coch. Yr oedd honno'n noson arbennig iawn, a minnau yn gwneud fy ngorau efo'r ferch yn fy Saesneg carbwl! 'Roeddan nhw'n gymdogion i Indiaid brodorol, ac yn dweud eu bod nhw'n hen bobl iawn. Bûm yn bustachu wedyn i ddarllen llyfr Saesneg "Lost in the Wilds" am rywrai mewn eira mawr yn Canada. Welais i byth mo'r teulu o Ganada ar ôl y noson honno.

Deuai ffrind i ni o'r hen ardal atom bob gyda'r nos Nadolig, ar ei feic i gychwyn, yna foto-beic, ac yna, gar bach Byddai ymweliad Now Ynys yr Arch yn goron ar ein diwrnod 'Dolig, a bu'n dod felly am flynyddoedd. Nadolig syml gwladaidd ydoedd, wrth reswm, ond byddai fy nhad yn mwynhau ei Nadolig, gan ddarparu ar ei gyfer yn ei ffordd ei hun, trwy fynd i dorri celyn ar gyfer y tŷ, a mynnu bod y cardiau yn cael eu prynu a'u hanfon mewn pryd a byddai yn disgwyl y postmon fel hogyn bach i weld pa gyfarchion fyddai wedi dod. Deuai a photelaid bach o "Port wine" o'r dref o siop Morgan Lloyd ar y Maes ac yn seremoniol bron yn tywallt y diferyn lleiaf i waelod cwpan de! Ein gŵydd ni ein hunain fyddai yna i ginio, wedi ei rhostio yn yr hen bopty mawr wrth ochr y lle tân. Byddai fy nhad wedi cynnau'r tân oddi tano yn gynnar yn y bore, a chodwn innau i gegin gynnes a'r arogl rhostio yn llond y lle. Dim ond yr hyn oedd raid fyddai yn cael ei wneud ar ddiwrnod Nadolig, carthu, porthi a godro, ac yr oedd yn fendigedig o braf cael fy mam a nhad o gwmpas y tŷ trwy'r dydd. Yr oedd yn ddiwrnod o orffwys prin iddynt.

Ddwy waith y flwyddyn yn unig y byddai'r *popty mawr* yn cael ei danio, a'r adeg arall oedd ar ddiwrnod dyrnu, ac yr oedd hwnnw'n ddiwrnod arbennig hefyd, o galedwaith i'm rhieni a rhialtwch i minnau, nes y deuthum yn ddigon mawr ac abl i gael aros adref o'r ysgol i helpu mam i wneud y bwyd. Yr oedd angen paratoi ar gyfer y diwrnod hwn hefyd, gosod y tanwydd o dan y popty yn barod i'w gynnau ar y diwrnod, ac archebu darn mawr o gig eidion ar gyfer y cinio. Byddai sŵn y dyrnwr i'w glywed o gwmpas yr ardal, yn arwydd o pa bryd i'w ddisgwyl.

Gwledd o datws yn y popty a moron mân,mân. Pwdin reis hufennog a tharten a chwpaneidiau o de cryf o'r "tepod dyrnu" mawr. Tarten a theisen "ffwrdd-a-hi". amser te. Mam a'i hwyneb yn goch a phawb yn sglaffio bwyta. Tynnu coes di-drugaredd a chwerthin. Cymdoges wedi dod i helpu. Ambell un yn cael ei gloi yn y tŷ efo'r merched, ran hwyl, ar ôl iddynt orffen eu pryd!

Llygod yn sgrialu i bob cyfeiriad wrth i'r dâs gael ei chwalu. Swn hyrddio'r dyrnwr yn gyfeiliant i bob dim, a'r teimlad braf gyda'r nos ar ôl i bawb fynd adref, a phob gorchwyl wedi ei wneud am flwyddyn arall. Y ceirch a'r haidd mewn diddosrwydd yn llofft yr ŷd, y peiswyn yn y cwt bach yn barod i wneud gwely o dan yr ieir a'r gwyddau. Plant yn dod i fyny i chwilio am hadau yn fwyd i'r adar dôf.

Cael bwyta sbarion i swper, a chrafu'r badell bwdin reis. Fy nhad wedi blino'n braf ac yn crafu'r hadau mân sydd wedi mynd rhwng ei grys a'i groen ond wedi cael ei blesio. Mam yn dweud, bron bob tro, "Dyna ni am flwyddyn arall."

Yr oedd y diwrnod dyrnu yn achlysur cymdeithasol yng nghalendar y fferm, a'r dynion yn dod, rai'n cario eu picwyrch, draw dros y caeau o wahanol gyfeiriadau, a byddai gan bawb ei orchwyl, ar ben y dâs, ar ben y dyrnwr neu'n cario'r sachau i fyny'r iard ac i lofft yr ŷd. Yr oedd angen dynion cryfion i gario'r sachau i fyny'r grisiau cerrig. Yr oedd cario'r peiswyn i'r cwt bach yng nghefn y beudy isaf yn waith ysgafnach, ond gwae neb os codai'n wynt gan chwalu'r us i bob man! Ar ôl i'r dyrnwr fynd deuai'r ieir a'r gwyddau i fusnesu a chrafu yn lle bu'r dâs, a'r cathod yn ffroeni ym mhobman yn chwilota am lygod. Byddai yn rhyfedd o ddistaw ar ôl i bawb gilio a sŵn y dyrnwr wedi peidio, ond byddai'r sŵn yn dal yn ein pennau rywsut.

Wrth gofio'r buarth, cofiaf am yr adar. Byddai'r iard yn fyw o adar tô a phen-felen, yn y cafnau yn pigo bwyd yr ieir, ac yn chwilota am hâd wrth fôn y dâs wair. Mwyeilch yn y celyn a sŵn dirgelaidd y Titw-gynffon-hir yn yr eithin, a'i nyth bach crwn mwsoglyd y peth tlysaf a welais.

Mam a minnau yn sefyll yn stond ar ddydd o haf ar yr allt uwch ben Pant Glas ar ein ffordd i weld hen ffrindiau yn ardal Bwlchderwin a sŵn Hedyddion yn llond ein pennau. Corn Chwiglod ar rosydd a chwiban dolefus y Gylfinir, a'r llawenydd wrth glywed y Cogau cyntaf yn cyfarch yr haf, a cheiliog Bronfraith yn ratlo canu "Wil Philip . . . Wil-Philip . . ." o goed Nant yr Hafod, ar ôl iddi godi'n hindda. Cofio hefyd wrando Rhegen yr ŷd o'r caeau gwair, pan oedd fy nhad yn dal yn ddigon hen ffasiwn i wneud ei waith efo Queen y gaseg, cyn dyfodiad y Ffergi bach. Gorfod coelio yn y man, bod y creadur bach wedi mynd o'n clyw am byth, ar ôl methu a'i chlywed yr Hâf wedyn.

Teimlo'n ddiogel wrth glywed y Dylluan yn y coed uwch ben y gadlas wrth gerdded adref a hithau wedi tywyllu. Os oedd hi yn galw go brin bod yna neb na dim ond y hi a minnau o gwmpas.

Awyr fawr felfedaidd, ddu-las uwch ben wrth grwydro wedi nos, ond ein traed yn adnabod pob carreg, a phob ystum ar wrych. Dim ond pesychiad "dynol" ambell i hen ddafad yn torri ar y distawrwydd. Teimlo'n un â'r bydysawd.

"You don't look back along time but down through it, like water. Sometimes this comes to the surface, sometimes that, sometimes nothing. Nothing goes away." Margaret Atwood, yr awdures, ddywedodd hynna.

Ac euthum innau yn ôl i'r hen gartref, ryw sbelan yn ôl, heb fod ar ei gyfyl ers blynyddoedd. Rhyw fynd i sbïo!

Cerdded i fyny'r clip, rownd y tro ac i olwg y lle. Yr

oedd yn ddiwrnod o haul melyn aeddfed diwedd haf – diwrnod fel sawl un sydd yn fy mhen, yn cuddio dan haenau o fanion fy myw.

Fel yn hafau fy nghôf, yr oedd mwyar ar gloddiau heddiw ac adar yn gwledda ar Griafol-prin-yn-aeddfed, clic-clic Sioncyn y gwair a sŵn rhyw beiriannau yn y pellter; ond yn fy mhen gwelwn gaeau gwyrddion dan adladd, cloddiau cerrig mawr cyfain, a graen ar bethau.

Gweld arall wnaeth fy llygaid – gweld crawc-wellt llwyd lle bu meillion, brwyn mawr powld lle bu porfa, gweld bwlch yn y clawdd cerrig lle bu'r gwter-ddefaid, a'r llechi'n gollwng gafael ar y toeau. Ac eto, pydru mynd yn eu blaenau wnai fy nhraed, yn gwbl sicr eu cerddediad ar y cerrig cyfarwydd – mynd a mi at feudy a sgubor, cwt peiswyn gwyrthiol o gyfan, llofft yr ŷd lle byddwn yn darllen ar b'nawniau gwlyb, a'i llawr wedi pydru, a'r stabal a'r grisiau i'w llofft wedi hen ddiflannu. Dim sôn am yr olwyn ddwr y siersid fi gymaint i gadw draw oddi wrthi, na dim sôn am sawl hen ffrind o goeden!

Methu peidio a gwenu wrth sylwi bod y goeden Eirin-duon-bach yn dal i ymdrechu byw yn grablyd wrth y cwt mochyn, y goeden y byddwn yn ceisio dringo i'w phen i gael gafael ar yr eirin bach, crynion llawn sudd. Ffolt y cwt yn syndod o gyfan ac yn feithrinfa i bob math o goediach a chwyn, a'r hen gwt mochyn wedi mynd a'i ben iddo. Mynd wedyn at ddrws y tŷ, a sbecian trwy'r ffenestri ar le wedi ei ailwampio yn y chwe-degau, ac yn llefain ar i rywun ei ymgeleddu eto. *Lle hollol ddieithr!*

Troi a chwilio lle bu'r hen "gegin allan". Lle tyfai'r Ysgawen, lle safai cwt yr ieir, a'r lle meddal hwnnw o dan gysgod y wal lle bûm i a'm ffrind yn claddu pethau meirwon – llygod wedi eu gadael gan y gath, cywion adar a chywion ieir, tyrchod a hyd yn oed ambell i gath fach farw-anedig. Y lle y buom yn turio am drysor a'r lle y buom yn chwilio am degins ar gyfer ein "tŷ bach", y clawdd lle buom yn ceisio godro Topsi'r gath ddu a gwyn honno.

Troi fy mhen wedyn tua'r môr mawr glâs y bûm yn eistedd ar y wal o flaen y tŷ, ar gyda'r nosau brâf, yn gwylio'r ceir yn sgleinio wrth ei lan, ac ambell i hwyl wen, fel 'rwan, yn mynd yn hwylus i rywle o flaen y gwynt, cyn i'r machlud mawr fflamgoch lyncu'r cwbl, cyn mynd rhwng y gist a'r pared yn un sbloet o ryfeddod.

Mor glir y mae popeth wedi ei gadw yn fy mhen, ac mor hardd.

Ond y mae'r lle yn hyll, fel hyn, heddiw. Mae'n edifar gen i ddod.

Troi yn ôl a cherdded i lawr y lôn, a'm hwyneb tua'r môr, a'r olygfa i gyd o'm blaen, yn union fel y cychwynnwn unrhyw daith a phob taith. At i lawr y gwelem yr haul yn machlud, at i lawr yr edrychai fy nhad wrth chwilio am ryw arwydd o hindda, ac at i lawr yr oedd y môr. At i lawr y cychwynnai pob siwrnai bron, ag eithrio i fynd i'r capel. Heibio i dalcen y beudy isa', lle byddai'r tarw a'r gwartheg hysbion ar hyd un ochr, a'r lloi ar hyd yr ochr arall, ac ambell i nyth iar yn y cwt pe'swyn tu cefn i'r beudy. Heibio i dalcen y gadlas, lle y bu fy nhad yn toi gyda brwyn, cyn oes y "belio", lle y gwnaeth fy hen wningen fawr lwyd ei nyth ymhell ym mol y dâs, i ddod a'i rhai bach, a nhad yn gadael iddi, nes i hen lwynog ddod o hyd iddi a'i llusgo hi a'i hepil allan a'u difa bob un, ac ugain o gywenod ar fin dechrau dodwy hefyd! Yng nghysgod y dâs y byddwn i a'm ffrindiau yn hoffi adeiladu ein tŷ bach, ar ôl hydoedd o drafod sut un oedd o i fod, a lle yr oedd y peth a'r peth i fynd – nes deuai fy nhad heibio a'n gorchymyn i "glirio'r blydi tegins" rhag ofn iddynt fynd i foliau'r gwartheg. Codais a chliriais wn i ddim faint o dai bach, ond y cynllunio fwynhawn i, yn fwy na'r tŷ gorffenedig Byddai'r syniad wedi hen suro erbyn i ni ddechrau ar y chware! Byddai un ferch oedd ryw fymryn yn hŷn na ni yn ddigon lwcus i gael mynd i'r pictiwrs ar b'nawn Sadwrn, a chanddi hi y byddai'r syniadau gorau beth i chware! Byddai yn dweud yr hanesion i gyd yn ddifyr ac yna'n trefnu sut i chware'r stori; stori Tarzan neu syrcas, ran amlaf. Chware syrcas yn sied y dynewid ar ôl iddynt gael eu troi allan yn y Gwanwyn, a cherdded ar hyd y trawstiau, uwch ben y rhesel, heb falio dim bod y sied heb ei charthu eto a thrwch tymor o dail yn gwneud lle esmwyth i ni syrthio! Mae tyllau yn nho'r sied bellach, ac ymddengys yn llawer llai o faint!

Cerdded heibio i adwy'r weirglodd, lle byddai Queen yn pori a lle byddai pen-byliaid a gloynod byw, ac i lawr at "y tro" lle trown fy wyneb i gyfeiriad Yr Eifl a'r Bwlch Mawr a thrwyn Porthdinllaen yn ymwthio i'r mor. Cyn mynd gam ymhellach heddiw, mynnwn fynd trwy'r giât haearn ac at y ffôs, lle byddwn yn golchi moron wedi eu dwyn o'r cae. Eu rhwbio yn y gro a'u dal yn y llif byrlymus nes eu bod yn lân, lân. Cafodd dyn o'r enw Francis Rowlands ei gyflogi i agor y ffosydd i gyd un tymor, a ninnau'n gwrando arno wrth y bwrdd te yn sgwrsio yn ei acen a'i dafodiaith ddieithr. 'Roedd yn ddyn bach taclus a'i gernau amlwg yn gochion, iach a gwisgai getars am ei goesau a'r rheini yn sgleinio fel gwydr. Yr oedd fel cymeriad allan o lyfr. 'Roedd gen i lyfr bach Saesneg a llun dyn tebyg iddo ar ei glawr, ym mhorth rhyw eglwys, a chaseg ganddo, un las. Mr . . . rwbath . . . and the gray mare" oedd ei enw. Bob nos i swper, tra buont yn agor y ffosydd, cawsom frithyll bach brown. Byddai blodau ceg-nain llachar, coch a melyn, yn tyfu yn y ffôs, a'i dŵr yn rhedeg yn glir ar y graean, cyn iddi ddiflannu o dan y ddaear, i ymddangos ymhellach draw, yn llifo i lawr y llethr i'r afon yn Nant yr Hafod. Difyr fyddai codi dyrnaid o'r graean a'i ollwng yn araf rhwng fy mysedd. Gwneud hynny eto, y tro hwn, cyn troi i gerdded i ffwrdd. Cyn mynd, troi un waith eto, i edrych i fyny ar boncen fawr Glyn Meibion, a chofio'r cynnwrf, yn ôl ymhell yn y pedwar-degau, pan ddaeth anferth o beiriant "Caterpillar" y "war-ag" i aredig y boncen a'n dwy boncen eithin ni, a phlant o'r Groeslon ac o Garmel wedi casglu i weld yr anghenfil wrth ei waith. Yng nghesail poncen Glyn Meibion yr oedd y twll llwynog hefyd, a chofiaf y dynion yn dod a'u daeargwn i'w hela, a phlant a phobl wedi tyrru y diwrnod hwnnw hefyd. Gallu gweld y cwbl eto yn llygad y côf, ac arogli pridd y ddaear, a chofio'r nos Sul honno, a hithau wedi bod yn bwrw trwy'r dydd nes fy môd wedi diflasu'n llwyr. Mynd o'r tŷ, ac i fyny cae fawnog a dringo dros y wal gerrig i boncen Glyn Meibion a mynd ac eistedd ar y wal ar ben uchaf y boncen. Pob man i'w weld, wedi ei daenu o fy mlaen ac wedi cael sgrwb gan y glaw, gwlybaniaeth yn sgleinio yn brismau ar ddail y coed a sŵn afon Llifon islaw yn llifo'n wyllt dros y cerrig. Yr athro Cymraeg yn yr ysgol wedi bod yn sôn am "eiliadau tragwyddol" a minnau yn haeru na wyddwn i ddim byd am bethau o'r fath, a dyma fo, eiliad o'r fath, yn fy nghodi o'm blinder n es roeddwn eisiau rhedeg a gwaeddi. Heddiw, cofio a throi a cherdded i ffwrdd. Cerdded fel hyn y byddwn i'r ysgol bob dydd, a'r môr ar y dde i mi a'r coedydd a'r caeau i'r chwith a'r cwbl wedi ymdoddi yn fy mhen yn gwbl freuddwydiol weithiau, fel petawn mewn gwlad hud. 'Roedd y ffordd yn bell i gychwyn i unman a'r clip yn serth ar y ffordd yn ôl, yn enwedig i goesau bach byrrion, ond 'does dim rhyfedd fy môd yn gwirioni cymaint ar fôr. Mae'n debyg bod gallu gweld cymaint bob dydd o'm cartref wedi creu rhyw hen awydd crwydro ynof! Pan fyddem yn canu'r "Skye boat song" yn yr ysgol, am "y llanc nad yw mwy" byddwn yn ei ddychmygu'n mynd . . . "draw dros y dŵr i'r De", ac yn ei gweld hi yn braf arno! Breuddwydio y byddwn yn yr ysgol yn amlach na pheidio, a'm llygaid mewnol ym mhobman ond ar y bwrdd du neu'r llyfr syms! Tyfai coeden Ysgaw wrth ochr un o'r ffenestri ac ar ddiwrnod gwyntog byddai'n cael ei chwyrnellu yn ddi-drugaredd yn erbyn y gwydr a gwyliwn hi fel petawn wedi fy mesmereiddio. 'Roedd yna gwpwrdd mawr yng nghornel yr ystafell ddosbarth, a phob math o drugareddau ynddo, yn ogystal â'r llyfrau. Yr oedd yno ŵy Estrys, a byddwn yn syllu a syllu arno a cheisio meddwl o ble y daethai, a cheisio dyfalu maint yr aderyn oedd wedi dodwy y fath beth anferth! 'Roedd ein gwyddau ni yn fawr, ond ni allwn gredu bod yr un aderyn yn meddu ar dwll din cymaint â hyn!

Wrth gerdded eto i lawr y lôn daw llifeiriant o atgofion ysgol, yn cael eu procio i'r wyneb, ar draws ei gilydd, yn gymysg o'r gwych a'r gwael. Dysgu canu

"Sion a Sian a Siencyn" yn yr ysgol bach, a neb yn dweud pwy oeddynt! 'Roeddwn eisiau gwybod! Eisiau gwybod pob mathau o bethau o hyd ac o hyd!

Bron torri fy mol eisiau cael rhan yn y ddrama bach ar gyfer Gŵyl Dewi, a'r athrawes yn dweud – "os byddwch chi yma yn te!" Gan fy mod byth a hefyd yn sâl ac yn colli llawer o ysgol mae'n debyg ei fod yn beth digon rhesymol iddi i'w ddweud. *'Roeddwn i yno ar y diwrnod, yn chware rhan Miriam, chwaer Moses – ond bûm adref am wythnosau wedyn!*

Pigwd bach felly oeddwn i.

Sŵn plant mawr yn gwneud pethau diddorol, a ninnau yn llafar-ganu "un-dau-dau".

'Roedd yn well gen i "blant mawr" na rhai yr un oed a fi, ac yn wyth oed cawsom symud i'r ysgol ganol, ym Mhenfforddelen, lle' roedd plant hyd at bymtheg oed. 'Roedd y rheini yn gwybod pob mathau o bethau diddorol. Dechrau mwynhau – rhai pethau – gwersi Natur a hanes Cymru a daearyddiaeth, a gwneud gwaith allan o'r llyfrau melyn, clawr caled – Priffordd Llên. Darllen chwedlau am Dylwyth Teg a gwrthod yn glir a choelio ynddynt, Fy nhad yn dweud ei fod o wedi gweld ysbryd wrth ddanfon moch i Blas Bryncir, efo'i frawd. Dweud hefyd iddo weld fy nain Tyddyn yn cerdded i fyny'r lôn, y bore y bu hi farw.

• • • • •

"*Yn anghyfanedd-dra'r mynyddoedd mewn bwthyn bach, trigai hen wraig*" . . .

Dyna sut y dechreuais stori un tro.

Dychrynais am fy mywyd pan alwodd y Prifathro fi

i'r llawr i ddarllen fy ngwaith. Credwn yn siŵr fy môd wedi gwneud rhywbeth o'i le. Teimlad tebyg oedd pan ddaeth fy mam o hyd i'r "barddoniaeth" yr oeddwn wedi ei stwffio i drôr yr hen fwrdd mawr yn y gegin, a gwaeth byth, 'roedd hi'n chwerthin ac yn dweud wrth bawb! "Ylwch be' ma'r hogan ma'n 'i neud!"

'Rwyf yn ddyledus i'r prif athro ac i'm taid am fy nghariad cynnar at lyfrau a sŵn geiriau. Cefais gwmni fy nhaid nes oedd yn hen ŵr pedwar-ugain a naw, a minnau yn bymtheg oed, ac yn cael mynd ato i'r Bowydd yn Rhos Isaf i gadw cwmni iddo er mwyn i fy modryb gael picio i'r dre. Byddai yn eistedd yn ei gornel wrth y bwrdd ac yn dobio'i fysedd yn erbyn y bwrdd, fel petai'n cadw amser, a'i lyfrau wrth ei ymyl, yn y gornel, ac am ei fod yn fusgrell, byddai'r byd yn dod ato ef, cymdogion, perthnasau a chydnabod, a phawb yn cario newyddion a phapurau a llyfrau iddo. Oddi ar silff fy nhaid y cefais i afael ar Cwm Eithin, ac yntau'n dweud "cerwch a fo adra, darllenwch o ac mi gawn ni sgwrs tro nesa".

Felly y cefais afael ar Cysgod y Cryman hefyd. Yr oedd rhywun wedi dod a'r llyfr iddo ac yr oedd wedi gwirioni, ac am i minnau ei ddarllen. Yr oedd yr hen ŵr yn uniaith Gymraeg, er y byddai cymdoges o Saesnes yn ei warchod weithiau, a'r ddau yn deall ei gilydd yn iawn. Cofiaf fel y byddai yn darllen Y Goleuad a Phapur Pawb, er mawr ddifyrrwch i'm rhieni! *Un fel'a ydi'o 'sti,"* meddai mam, dan chwerthin.

Yn yr ysgol darllenai'r prif athro i ni yn ei lais ardderchog ar brynhawniau Gwener, cyn i ni fynd adref – Luned Ben-goch, Y Gelli Bant ac ati, a ninnau a'n pennau a'n sgyrsiau ar y ffordd adref, yn llawn o'r straeon, ac yn ceisio dyfalu beth ddeuai nesaf.

Bwyta mefus gwyllt a mwyar duon o'r gwrychoedd a chasglu Egroes ac Eirin-tagu a hel cnau cyll cyn eu bod yn aeddfed, a'u cnewyllyn heb galedu! Cyd gerddai athrawes efo ni ambell dro, gan wthio'i beic, ac yn cymryd y cyfle i ddangos planhigion neu nythod i ni yn y gwrychoedd. Cymrai hydoedd i mi gyrraedd adref weithiau, ar ôl bod yn chware ar y ffordd neu'n gweld rhyfeddodau. Peidiwn gerdded ar hyd y ffordd arferol, ond dringo dros gloddiau a llyffanta mynd, gan edrych ar y peth yma a'r peth arall. Mae yna glamp o was y neidr mawr, yn hofran ac yn sgleinio yn yr haul: mae'n troi yn sydyn ac rydw i'n meddwl ei fod ar fy ôl! Gweld cacwn a'i ddilyn, a'i weld yn diflannu i dwll yn y mwsog ar glawdd ac er mwyn cael gweld i lawr y twll yr wyf yn ceisio'i wneud yn fwy, efo fy mys bach. Aw! dyna bigiad nes bod y dŵr yn llifo o'm llygaid. Bron a llwgu! Rhedeg adref wedyn.

"Lle buoch chdi?"

"Dwad!"

Dim syniad faint fyddai o'r gloch. Mesurwn amser yn ôl beth fyddai fy rhieni yn ei wneud, neu'r llwgdod yn fy stumog! A lleisiau a synau. Gallaf eu clywed!

Lleisiau athrawon yn harthio ar blant anufudd, sŵn celpan ar ochr pen, sŵn bwndel o oriadau yn hedfan ar draws yr ystafell ddosbarth. Sŵn sialc yn gwichian ar fwrdd du. Synau difyr plant yn mwynhau gweithgaredd, a synau gwersi symiau, a minnau wedi hen gefnu ar y lle a mynd i'm byd fy hun, yn fy mhen!

Sŵn piano a lleisiau yn canu "Gwelais long ar y glâs li . . ." "Flodyn gwyn o ble y daethost?" ac emynau. Cael canu am hir ambell dro a gwybod y byddai'r gwersi yn fyrrach wedyn. Cael fy hel allan am beidio talu sylw a bachgen hŷn, Robat, Bryn Neidar, yn dod heibio ac yn dweud, yn llanc i gyd "Pam na nei di ddeinig adra? Dyna faswn i yn'i neud."

Meddwl am y peth a chofio clywed bod fy nhad wedi taflu ei lyfrau i gyd i'r afon am ei fod wedi cael cweir gan y sgwlyn! Aros wnes i.

Cyd-adrodd Gweddi'r Arglwydd yn yr ysgol bach, yn Saesneg weithiau, i'n gwareiddio ni debyg, a methu'n glir â deall "wishart in hefn" a gofyn i mam.

Honno'n chwerthin.

Oedd wishart yr un peth â Rishart? Dim dyna oeddan nhw'n galw Duw?

Hen hogan fawr yn chwerthin am fy mhen yn bustachu gwneud dawnsio gwerin am y tro cyntaf, ac y mae'r atgof am ei chwerthin yna o hyd, fel parlys llosg neu facsiau am fy ferrau!

Dawnsio "go iawn" yn y Gampfa yn yr ysgol uwchradd a llais yr athro yn gweiddi'n wawdlyd "Haid o fustych! haid o fustych" – a neb yn malio! Chwerthin efo ffrindiau.

Rhai o'r hogiau yn dynwared Bill Haley ac Elfis. Lleisiau'n sibrwd cyfrinachau, wrth i ni fynd yn hŷn. Mynd am dro hir ar gyda'r nosau yn yr haf, efo fy ffrind Brenda, a siarad a siarad. Sefyll wrth giât Y Cynlas i aros am y bws i fynd i'r dre, a'r brain yn y coed yn clegar a blagardio na fu'r ffasiwn beth, fel pobl pen-step, chwedl mam.

Lleisiau a delweddau o sgrîn y pictiwrs ar ddydd Sadwrn yn ein dysgu sut le oedd yna tu allan i'n byd bach ni. Yr oedd yna reolau arbennig ynglŷn â mynd i'r pictiwrs. Mynd i'r Matini i ddechrau ac yna gael mynd i'r dre' ar y bws cynnar a dod adref ar y bws saith, ac ymhen amser ar ôl eu darbwyllo mod i'n medru bihafio yn iawn, gael aros tan y bws naw. Nid nes mynd i'r coleg y meiddiais aros tan y bws ddeg! Rheol arall oedd bod raid dweud pwy oedd y cwmni i fynd i'r pictiwrs! Byddai dod adref o'r dref ar nos Sadwrn yn agoriad llygad, i weld pwy fyddai fymryn yn simsan, a phwy fyddai yn eistedd efo pwy, ac yn well na dim, wrando ar y sgyrsiau. Pêl-droed fyddai'r pwnc bron bob tro – "Welis di'r gêm hiddiw?" "Be' ddaru Rangers?" "Be' o'dd sgôr Vale?"

Swatio yn fy sêdd ar y bws, yn glustiau ac yn llygaid i gyd, bron yn credu môd i'n anweledig. Sugno'r cwbl i mewn. 'Roedd hyn bron cystal â darllen llyfr neu fod yng nhywyllwch y sinema. Byddai fy nillad yn drewi o arogl pobl yn ysmygu ar nos Sadwrn, a byddai raid eu hongian i "switio" cyn meddwl eu gwisgo wedyn. Cofiaf fel y byddai mwg baco ym mhob man a bysedd pobl yn frown gan y staen. Arogl arall sy'n fyw yn fy ffroenau y funud hon yw'r arogl petrol a T.V.O ar ddilladau'r dynion pan ddeuent i'r gegin am baned neu bryd o fwyd. Byddai dyn y lori flawd a'r trafeilwyr gwerthu hadau neu ffisig anifeiliaid Richard Edmunds a Davies "Osmond", i gyd yn dod am baned, a'r hen degell yn canu ar y pentan trwy'r dydd. 'Roeddwn yn hoffi'r arogl gwahanol ar wahanol bobl a'r arogl pibell ar fy nhad ar gyda'r nos wrth y tân. Pan fyddwn wedi golchi fy mhen, fy nhad fyddai yn brwsio a brwsio'r gwallt nes y byddai yn sych ac yna yn ei blethu'n daclus, rhag iddo fynd fel nyth brân erbyn y bore. Hoffwn deimlo'i ddwylo mawr yn dyner ar fy mhen. Hoffwn pan fyddai'r athrawes weithiau yn dweud mor ddel oedd fy ngwallt – dyna'r unig beth del oedd gen i. Buaswn wedi hoffi bod yn dal efo gwallt melyn, melyn, fel y merched mewn storiau. Ambell dro byddai fy mam yn dod a phentwr o gylchgronnau merched i'r tŷ, wedi eu cael ar ôl merch ifanc oedd yn byw yn agos, a chawn oriau o ddifyrrwch yn llygadu y rhain, ac yn edmygu'r lluniau hardd. 'Roedd arna'i gymaint o eisiau bod yn hogan fawr, er mwyn cael gwisgo sgert "Sgots plod" goch, a chael torri 'ngwallt yn gwta, a thyfu bronnau! Ar un adeg byddai fy nhad yn mynd i weld ei rieni ar nos Sadwrn, a dyna pryd y cawn mam i gyd i mi fy hun. Eistedd o flaen y tân, yn cael "sgwrs merched", ac yn gwledda ar y "sosin" a'r pwdin gwaed fyddai mam wedi ddod o'r dref, ac yn bwyta fferins. Un noson fel hyn mae mam yn dweud *"'Rwyt ti yn mynd yn fawr rwan i ga'l bath o flaen y tân, ti ddim yn meddwl?"* 'Doeddwn i ddim wedi sylwi, ond erbyn y nos Wener wedyn 'roedd yr hen fath sinc wedi ei gario i fyny i'r llofft gefn, ac yno yng ngolau cannwyll, cefais fath ar fy mhen fy hun, a mwynhau'r syniad fy môd yn tyfu i fyny! Gwnês fargen efo fy nhad "Os g'nei di'i wagio fo, mi llenwa'i o i ti."

Yn raddol yr oedd y byd yn newid, gyda dyfodiad y Teledu i rai aelwydydd, ond yr oedd yn rhaid cael trydan i gael pethau felly, a buom ni yn ddi-drydan tan ddechrau haf 1956. Newidiai'r ardal hefyd, gyda mwy a mwy o leisiau Seisnig i'w clywed. Dyma'r adeg y dechreuodd llefydd bach o'n cwmpas fynd yn eiddo i Saeson – Hafod Lwyfog, Hafod Talog, Bryngwyn Bach, Clos y Graig, ac er bod rhai ohonynt yn ymdrechu i fod yn gymdogol, yr oeddynt mor gwbl wahanol i ni. Mr a Mrs Mitchel yn Hafod Lwyfog yn ein gwahodd i swper, a chan mai Albanwyr oeddynt eu hacenion yn ddyrys i ni, ac wedi gwneud "scotch broth" fel amheuthun i ni, a hwnnw'n "llygadau" i gyd o saim. Finnau bron cyfogi wrth ei wthio i lawr. Byddai "yr hen Fitchal", chwedl fy nhad yn picio i'n gweld yn aml "And how's my wee lassie? I've another puzzle for ye." Dyna fyddai ganddo i mi bob tro, a minnau'n casau posau! Ni chofiaf neb yn poeni am y dieithrio hwn – ddim ar y pryd beth bynnag! Mynd at Mrs Gallimore yn Bryngwyn Bach i gael gwneud fy ngwallt, cyn pethau fel "sosial" yr ysgol, a theimlo'n jarffas yn fy ffrog fenthyg! 'Roedd hi wedi fy mherswadio mai ffrog hir oedd y peth i'w wisgo, rhyw beth binc llachar a honno'n llathenni o ddeudydd. Yn sicr nid oedd neb i'w weld yn malio yn yr ysgol, am y Saesneg oedd yn fwy-fwy clywadwy yn ein bro. Lleisiau yn atsain ar goridorau, "Don't run, boy." "Are you deaf, girl?" "Ein Tad yn deulu dedwydd" bob yn ail â "For what we are about to receive" a "Give me grace and patience" yn y dosbarth!

Wrth gerdded i bobman, yr oedd lliwiau, synau a siapiau'r tymhorau yn dod mor gyfarwydd, yn rhan annatod o'n bodolaeth. "Wyt Ionawr yn oer a'th farrug yn wyn" – a minnau ynghlâdd o dan bynnau o ddillad gwely, yn y llofft bach uwch ben y gegin, ac yn smalio bod yn Esgimo yng ngwlad yr eira, wedi fy lapio yn fy ffwr cynnes, neu'n wiwer fach goch mewn nyth ac wedi troi fy nghynffon am fy mhen i gadw'r oerfel allan. Nid oeddwn wedi gweld wiwer ond mewn llyfr, gan nad oedd wiwerod llwydion yn bla bryd hynny, a chofiaf mai'r llyfr Saesneg cyntaf i mi gael ei fenthyg i fynd adref o'r ysgol oedd stori am deulu o wiwerod bach cochion yn byw yn ddedwydd mewn coedwig debyg i Nant yr Hafod. Dychmygwn bopeth yn digwydd o gwmpas y lle hwnnw. Gallwn greu byd i mi fy hun yno, yn fy mhen! Yn Nant yr Hafod, yn ddiweddarach y bûm yn adolygu Shakespeare, ac yn dychmygu gweld Rosalind ac Orlando yn cerdded dan y coed!

Patrymau wedi rhewi lle trawodd fy anadl yn erbyn y gwydr oer yn y nos, a'i rwbio nes bod y gwydr yn gwichian, i sbecian allan ar fyd wedi fferru. Gweld pibonwy ar y rhedyn uwch ben y pistyll a thorri nodwydd hir ohono'n glec, er mwyn cael ei llyfu.

Gweld oen newydd-anedig wedi disgyn i'r ffôs oer, a'i lais bach egwan bron a phallu. Ei godi a mynd ag o i'r tŷ a dad yn dod a'i fam i'r sgubor. Ei rwbio'n sych o flaen y tân, ei lapio mewn gwellt a'i roi i swatio dan bwrs ei fam. "Da ti ngenath i," ac ymchwyddo o falchder cynnes.

Mawrth oedd mis y gwynt a'r haul, mis golchi plancedi a chael gwared ar lwch a baw y gaeaf. *Mis anti Lisi!* Deuai bob dydd Llun i roi help llaw i mam, ac yr oedd fel barn! Modryb fy mam oedd hi, chwaer fy nain, a chan ei bod yn ddi-blant ei hun yr oedd wedi cymryd at fy mam. Yr oedd yn weddw ers blynyddoedd ac yn ddynes od, yn enwedig i blentyn bach. Adeg golchi'r plancedi, hi fyddai yn stiwardio dros bob dim, ac yn flin fel tincer ac yn bygwth fy moddi os na symudwn i o'i ffordd. Byddai tân o dan y boeler yn y gegin allan a phwcedeidiau o ddŵr wedi eu cario, a dyna lle byddai at ei phenelinoedd mewn trochion uwch ben y twb, ac yn canu wrth ei gwaith. Byddai fy nhad yn tynnu yn ei choes ac yn dweud pethau mawr wrthi, a hithau'n chwerthin dros y lle, er ei bod yn ei chyfrif ei hun yn ddynes Dduwiol! Yr oedd yn eithriadol o lân ond yn galed a syml ei byw, a deuai acw, meddai hi, er mwyn cael rhyddid i wneud fel y mynnai, heb orfod malio beth ddywedai pobl! Hi aeth i fyny i'r cae uchaf a dechrau canu "Y gŵr wrth ffynnon Jacob" nerth ei phen, nes bod pawb yn y gymdogaeth yn ei chlywed, a chodi cywilydd mawr ar mam. Llais mawr "Cymreig" a hwnnw fel melfed ganddi.

Un mis Mawrth fe ddaeth y gwres yn anhymhorol o gynnar, a ninnau yn yr ysgol wedi'n lapio fel nionod ac yn tynnu cotiau gwau a siwmperi a'u taflu ar lawr yn ein llawenydd o weld yr haul, fel anifeiliaid bach wedi'n gollwng o gaethiwed. Gwneud mwy o sŵn nac arfer, a phan euthum adref amser te mam yn dweud, "'Roeddach chi'n gneud twrw garw hiddiw!"

Teimlo'n brâf, nad oedd yr ysgol mor bell o adref yn y diwedd, os gallai hi ein clywed.

Mae i dymhorau a misoedd leisiau yn ogystal a lliwiau, a Mawrth y Cennin Pedr melyn dan y coed yng nghefn tŷ Cefn Tryfan, yn llon ei haul ond yn filain ei wynt yn plycio ac yn udo yn y coed, a blingo dail newydd. Minnau yn fy ngwely yn gwrando arno'n rhwygo a hyrddio, a mam yn dweud "diolch am dŷ a thân!" Teimlo'r ysgafnder wrth i'r dydd ymestyn a'r ddaear yn ymysgwyd a deffro wrth i Fawrth fynd yn Ebrill, ac arogleuon gwahanol ar yr awel. Mynd, ar ôl tê, i godi'r defaid a'r ŵyn o'r caeau gwaelod, i helpu rhywfaint ar fy nhad, a'r hen ast ffyddlon wrth fy nghwtyn, ac yn gwybod yn union beth i'w wneud pan gymhellwn "Cer'rownd, cer'rownd". Byddai'r defaid yn cael eu cadw dros nos yn y cae pen-lôn, oedd yn agos i'r tŷ, a byddwn yn mynd dow-dow i'w nôl, gan ofalu bod pob un yn cael ei chodi i ganlyn y gweddill, ac yna'u dilyn, wrth iddynt gerdded yn bwrpasol ar hyd eu trywydd cyfarwydd, trwy cae canol a chae pistyll, ar draws cae llyn a thrwy'r adwy i'r cae cefn tŷ, ar draws y lôn bach i'w lloches yn cae pen lôn. Cae cysgodol efo cloddiau cerrig oedd hwn, ac erbyn i mi a'r defaid gyrraedd, byddai fy nhad wedi dod i'n cyfarfod, i weld rhag ofn bod dolur oen ar un, neu oen bach ddim yn cael sugno. Ar ôl cau'r adwy, byddem ein dau yn sefyll yno am ychydig yn eu gwylio, a'u hail gyfrif, rhag ofn ein bod wedi methu un yn rhywle. Byddai blâs neilltuol o dda ar swper wedyn, a byddai wedi tywyllu yn slei a diarwybod i mi. Wrth ddilyn y defaid gwelwn flodau yn agor, fwy bob dydd a blagur yn chwyddo ac yn lledu'n ddail ifanc ïr ar y coed, a byddai llond fy mhen o synau adar.

Misoedd Mai a Mehefin wedyn, yn fwyn a hyfryd. Mai gwyrdd a'r gwynt yn chwipio'r borfa iraidd yn donnau, blagur ar goed afalau surion, a'r ŵyn yn llarpiau cryfion yn prancio fel pethau gwirion ar gyda'r nosau hirion. Mis llawn o addewidion, a'r colomennod yn suo yn y coed. Mis Mai oedd mis ein heisteddfod ni – Eisteddfod Mynydd y Cilgwyn, oedd yn para am bûm noson, a phawb yn cael dillad newydd a gwisgo sannau bach gwynion, a gobeithio a gobeithio na fyddai yn bwrw, neu byddwn yn gorfod gwisgo Welintons i fynd i gwrr y pentref. Ar ôl yr eisteddfod, deuai'r haf fesul cam wedyn. Mehefin y gwair mawr a'r edrych ymlaen am y cynhaeaf, troad y rhôd, a'r dydd hwyaf, ond chawn i ddim mynd i'r afon nes y byddai fy rhieni'n hollol siŵr bod y dŵr wedi cynhesu. Swnian, a mynd ar y slei!

Dechrau haf brâf oedd hi pan fu farw anti Lisi.
'Rydw'i yn unarddeg oed ac wedi rhyw ddechrau dod i

ddeall yr hen ddynes, ac yr wyf yn siomedig ei bod wedi mynd. Nid hiraeth ydyw, ond meddwl amdanaf fy hun! Yr oedd cymaint o bethau wedi digwydd yn y cyfnod rhwng dechrau'r flwyddyn a dechrau'r haf y flwyddyn honno, a chryn dipyn o dyfu i fyny a deffro i bethau. Yr oeddwn wedi methu'r "sgolarship" a bu mwy o drafod addysg a datblygiad plant yn fy nghlyw na'r un creadur gwalltog!

Y gwir oedd na wyddwn i arwyddocad y peth ar y diwrnod, ac er i mi chwipio trwy'r papurau Saesneg a Chymraeg, aeth yn nos ddu-dew arnaf yn y papur "syms", ac nid oedd dim byd yn newydd yn hynny! Yr oeddwn wedi mwynhau'r diwrnod yn arw iawn, cael mynd i'r "ysgol fawr" ar y bws, a llygadu pawb, a gwrando fel cath ar bob tamaid o sgwrs. Yr oedd y prifathro wedi ein paratoi yn ofalus ac wedi egluro yn union beth i'w ddisgwyl ac yr oedd yno efo ni. Gwelais hefyd blant o ysgolion eraill yr oeddwn wedi eu gweld o'r blaen, mewn eisteddfodau neu yn y "cwt dawnsio" yn y Bontnewydd ar fore Sadwrn, ac yr oeddwn wrth fy modd yn gwylio pawb a phopeth. 'Roedd yna fachgen pryd tywyll, siriol ac yr oedd o yn ysgrifennu efo'r un llaw a fi! Yn fy nosbarth arferol yn yr ysgol fi yw yr unig un llaw-chwith, a bu llawer o grio a nadu am y peth, ond o'r diwedd dyma fi wedi profi bod fy nhad yn iawn, ac mai nid y fi oedd yr unig un yn bod. Dim ond pan ddaeth diwrnod y canlyniadau y sylweddolais i yn iawn, faint o ymdrech y dylaswn fod wedi ei gwneud! Bod dôr fawr wedi cau yn glep yn fy wyneb. Yr oedd yn gyfnod o newid ym myd addysg beth bynnag, ac yr oedd sôn bod yr ysgol uwchradd ym Mhenygroes yn mynd yn "ysgol ddwy-ochrog" ymhen y flwyddyn, ac felly yr oedd llawer o'r farn y dyliwn gael fy anfon i'r ysgol honno flwyddyn yng nghynt na rhai o'm ffrindiau oedd hefyd wedi methu "neidio trwy'r cylchau" yn y ffordd iawn. Yr oedd fy nhaid yn bendant o'r farn honno, ac aeth mor bell ag awgrymu fy anfon "i Ddolgellau", lle yr oedd dwy o ferched cydnabod wedi cael eu hanfon, am eu bod hwythau yn byw mewn lle anghysbell ac wedi colli llawer o ysgol o'r herwydd. Ymateb fy nhad i'r syniad hwn oedd gofyn, ar ei beth mawr "pwy ddiawl fasa'n talu?" Mae un peth yn sicr, buaswn i a'm rhieni wedi dioddef hiraeth dychrynllyd, ac ni chlywyd mwy am y peth, er y byddwn weithiau ar adegau diflas yn yr ysgol yn ceisio dyfalu pa mor wahanol fuasai bod mewn ysgol breswyl, heb orfod cerdded adref trwy'r oerfel a'r gwlybaniaeth, yn arbennig pan fyddwn wedi bod yn darllen storiau yn y "School Friend". Oherwydd fy môd mor swil fe basiwyd i'm hanfon i Langrannog yr haf hwnnw i "dynnu allan" cyn cychwyn yn yr ysgol newydd. Yr oedd anti Lisi yn byw heb fod ymhell o'r ysgol ac wedi dweud y cawn fynd ati hi, ambell i amser cinio, ac edrychwn ymlaen am gael rhyw ddinas noddfa mewn lle dieithr. Peth arall oedd yn uchelgais gennyf oedd cael esgidiau "seis wan" erbyn y mis Medi!

Mae'n ddiwrnod hafaidd, hyfryd ac y mae'n rhaid ei bod yn wyliau ac yr wyf yn sgipio a rhedeg yn ysgafndroed i lawr oddi wrh y tŷ, wedi cael pâr o sandalau newydd – a'r rheini yn "seis wan!" Pwy sy'n dod i fyny'r lôn i'm cyfarfod ond anti Lisi ac yr wyf yn rhuthro i ddweud wrthi bod fy nhraed i o'r diwedd wedi tyfu! Mae hi'n deall, ac yr wyf yn edrych yn wahanol arni Hwyrach nad oedd yr hen gryduran cynddrwg wedi'r cwbl.

Ond y peth nesaf, mae yn marw.

Fe wnaeth gryn sôn amdani ei hun hefyd. Daeth ei chwaer oedranus, bob cam o Ynys y Bwl, mewn côt ffwr ddigon o ryfeddod, i angladd anti Lisi, ond pan ddarllenwyd yr ewyllys, cafodd pawb sioc. Yr oedd ganddi eiddo mawr, wedi crib-ddeilio erioed, ond fe'i gadawodd i gyd i achos digon teilwng, sef sefydlu Llyfrgell ym Mhenygroes. Cafodd dau nai iddi ryw g'negwerth am fod yn ysgutorion, a mam gafodd ei heiddo personol a'r pethau o'r tŷ. Yr oedd mam wedi dychryn braidd ac yr oedd yn rhaid gwneud lle i'r pethau ar fyrder er mwyn gwagio'r tŷ. Cofiaf fel y bu'r dresel am beth amser yn yr ysgubor, a gwellt glân o'i chwmpas, a rhybudd pendant nad oeddwn i fusnesa yn y droriau.

Busnesa y bûm, fy ffrind Brenda a minnau yn slei bach yn mynd trwy'r droriau, ac yr oedd fel ogof Aladdin, pob math o bethau diddorol a rhai pethau nad oedd gennym unrhyw ddiddordeb ynddynt. Yr oedd un drôr yn llawn o fotymau a byclau, mwclis a thlysau, rai wedi malu, ond y cwbl wedi eu trysori yn ofalus. Cefais bleser di-ben-draw yn eu bodio a'u troi a throsi, edmygu'r lliwiau, a'u gollwng yn araf rhwng fy mysedd. A meddwl. Meddwl sut yr oedd hen wraig fel hon wedi trysori pethau mor dlws, a neb yn gwybod. A chafodd mam ei chot ffwr, ond ei bod yn rhy swil i'w gwisgo! Agor drws y wardrob a rhwbio fy wyneb yn y blew llyfn moethus. Ac yr oedd ganddi lyfrau. Gwleddoedd o ddarllen ar brynhawniau gwlyb, ar sach ceirch yn llofft yr ŷd, a chen i gywilydd fy mod wedi cam-farnu'r hen wraig.

Pan gefais fynd i Langrannog yr haf hwnnw, cefais brofiad gwerth chweil ac atgofion i bara oes, ac yr oedd dod adref ar ôl bod yn werth chweil hefyd a nhad eisiau gwybod popeth welais yn y wlad o'n cwmpas. 'Roeddwn i'n cael mynd efo Elen, merch Mr Ifor Hughes, ac yntau yn mynd a ni yn ei gar bach ac yn aros yno am yr wythnos yn stiwardio. Aros yn Aberystwyth i gael cinio, a chael mynd i Woolworth wedyn i brynu'n presantau, gael i ni wybod faint o arian fyddai gennym ar ôl. 'Rydw i'n prynu "biro" goch i nhad, a bu'n ei thrysori am flynyddoedd.

Mae Elen a finnau yn prynu ein colur cyntaf, yn slei bach, a hwnnw'r peth mwyaf anaddas – "pan-cake", gan Max Factor! Prynnodd y ddwy ohonom fag llaw bach plasdig hefyd, a theimlo fel boneddigesau. Fûm i erioed ddim pellach na Rhyl neu'r 'Bermo efo trip ysgol Sul cyn hyn ac yr oedd y cwbl yn antur fawr. Mis Awst oedd hi a chnydau yn melynu yn y caeau . Yr oeddwn wedi sylwi bod mwy o rawn yn cael ei dyfu nac o'n cwmpas ni ac yr oedd y tymor i'w weld yn gynharach. Flynyddoedd yn ddiweddarach a minnau'n astudio Awdl Foliant yr Amaethwr ar gyfer arholiad, cofiais am y golygfeydd rheini.

"Mae ei ydau ym Medi yn euraid ar warrau'r llechweddi. Grawn llawn fel graean y lli, tonnau dŵr tan y deri . . ."

Cofiaf hefyd fel yr oedd fy nhad wrth ei fodd yn clywed Côr Godre'r Aran yn canu'r geiriau yna.

Yn Awst, os byddai'r tywydd wedi bod yn ffafriol i gael gorffen y cynhaeaf gwair, wedi i mi ddod yn ddigon hen i beidio a swnian, y cawn fynd ar y bws o Gaernarfon, i Lwyn Peris yn Nant Peris efo fy nhad, i edrych am ei gyfnither. "Cer i fyny i'r top, ga'l i ni ga'l gweld" fyddai ei orchymyn wrth i ni fynd ar y bws Crosville mawr gwyrdd ar y Maes yng Nghaernarfon, a minnau yn ei gwneud hi am y sêdd flaen un. Byddai anti Mary Clos wedi darparu cinio blasus, a byddai yna hen sgwrsio a rhoi'r byd yn ei le. Ar ôl y cinio, byddai fy nhad yn mynd allan o gwmpas y lle, i weld y defaid ac ati a byddwn innau yn helpu fy modryb i glirio'r bwrdd ac i olchi'r llestri. Wedyn, byddem yn croesi'r ffordd ac yn dringo i ben brycyn ac yn eistedd yno yn edrych o'n cwmpas, a sgwrsio a chwerthin llawer, cyn mynd yn ôl i'r tŷ i gael clamp o de cyn ei throi am adref. Byddai'r gwartheg yn brefu ac yn disgwyl am eu godro, a mam bob tro yn fy atgoffa fel yr oedd Mary wedi cael ei mam yn farw yn y tŷ, a hithau ond yn eneth fach. Methwn a deall sut y gallai fod mor llon ar ôl y fath brofiad. Andwywyd bywyd Mary yn ddiweddarach pan ddaeth y clwy Traed a Genau i ardal Nant Peris tua 1957, ac fe losgwyd diadelloedd ei chymdogion a'i defaid hithau ar y dolydd yr ochr isaf i Lwyn-peris, a'r mwg ffiaidd yn llenwi'r tŷ a phob man.

Methodd Mary a dygymod â'r erchyllder ac fe effeithiodd ar ei hiechyd.

Yn yr haf, yn Awst hefyd y byddai cyfle i chware oriau yn nŵr y môr yn Ninas Dinlle a dod adref wedi diffygio a bron marw o syrthni ar ôl gwynt y môr a blâs yr heli. Cyfle hefyd i fynd yn llaw fy nhad i'r sioe, a chael sylltau a chwe-cheiniogau, ac ambell i hanner coron prin, gan deulu a chydnabod, yn barod i ddechrau celcio eto ar gyfer trip ysgol Sul a ffair y flwyddyn wedyn. Hel mwyar-duon, a mam yn edliw ein bod ni yn gorfod mynd ar dir pobl eraill i'w casglu, am fod fy nhad wedi torri pob miaren ar ein tir ni! Medi melyn, mwyn wedyn, a mynd yn ôl i'r ysgol, i gael llyfrau newydd glân, a gwneud adduned i beidio byth eto gael rhesi o flotiau blêr ar yr un llyfr! Mwynhau arogli'r llyfrau newydd. Cymaint o ofn un athrawes nes byddai fy llaw chwith bach yn clapio'n dynn, a'r gwaith yn mynd yn saith-waith blerach. Sylweddoli un flwyddyn bod Mathemateg yn cyfrif fel *tri phwnc*, a rhwng y rheini a gwnio ac arlunio, pethau nad oedd bod yn llaw-chwith yn llawer o help i lwyddo ynddynt, rhoi'r ffidil yn y tô, a dechrau chware'r clown! Mwynhau gallu cael y plant eraill i chwerthin, wrth ddynwared y Goon Show neu "siarad sywth" a phan ddaeth yn flwyddyn arholiadau, dweud wrth fy nhad ar ddechrau'r flwyddyn . . ." Os na fedra'i basio'r hen betha'ma, rydw'i am ddwad adra atat ti." A'i ateb yntau oedd, "mi 'nei gythral o beth gwirion!" Ddaeth hi ddim i hynny, gan i mi lwyddo yn iawn a chyrraedd y Brif ysgol ym Mangor toc, a'r haf yr oeddwn i yn graddio y penderfynnodd fy nhad roi'r gorau i lafur oes ar y tir. Y Calan Gaeaf nesaf yr oedd yn symud o'r hen gartref, a phrin y bûm ar gyfyl y lle wedyn, tan y tro hwn.

Ar ôl Medi a siffrwd tywysennau yn dweud cyfrinachau wrth ei gilydd, deuai Hydref a Ha' bach Mihangel i'n twyllo bod y gaeaf ymhell, ond yn sydyn, newidiai pob dim dan dywyllwch a gwlybaniaeth Tachwedd, a theimlwn hyd yn oed yn blentyn ryw ddigalondid yn lledaenu dros bopeth. Hen arogl pydredd wrth i'r ddaear adfeddiannu ei heiddo ei hun, yn ddail coed a gweddillion cnydau. Tachwedd du a'i gnul oeraidd yw'r pruddaf o'r misoedd, ac y mae ei lais oeraidd yn ein hatgoffa am bob dim a gollwyd erioed ac yn plycio'r côf am yr hogiau diniwed, fel fy nhad, ond na ddaethant yn ôl o'r ffosydd erstalwm. Cael ein hatgoffa bob Sul cofio, a gwrando ar y radio, er y byddwn i, oedd yn ifanc ar ddechrau'r chwe-degau difeind o bopeth, yn dirmygu'r pabi coch a'r seremoniau. Yr wyf wedi meddwl llawer ers hynny am y bechgyn yn crefu ar eu Duw byddar i ddod a nhw yn ôl i gynefin y gylfinir a'r hedydd bach. Ymglywed ag ubain eu hofn a'u hiraeth arswydus yn y gwynt, ond i erlid melan sur y corsydd o'm cyfansoddiad, trwy drugaredd, daw carolau'r Nadolig yn eu tro, a'r Calan yn dincial i gyd, a'r lluniau, yn gelyn a phortyn a phethau crisial yn y côf. Cwmniaeth cymdogion da fel Megan a Bob yn y ffarm nesaf, a mynd i swpera atynt gefn gaeaf oer, ond yn anghofio'r cwbl am y tywyllwch tu allan yng ngwres y sgwrs a'r bwyd da ar y bwrdd. Bob a Megan Williams yng Nghefn Tryfan oedd ein cymdogion agosaf a chyda Bob y byddai fy nhad yn "ffeirio". Ni bu dau gleniach na mwy diwyd, ac yno yr awn os byddai angen fy ngwarchod, pan âi fy rhieni i briodas neu anglad. Byddwn wrth fy modd yn bwyta "teisen felen" Megan ac yn gwrando ar glipian ei chlocsiau wrth gerdded rhwng y bwrdd a'r pantri. A chlywed ei chwerthiniad llon!

Rywdro rhwng Rhagfyr a Mawrth bob blwyddyn, fe ddeuai'r eira, yn gaenen denau siomedig neu'n drwch glân dros bob dim. Pob man yn olau ac yn ddistawach nag arfer a'r byd wedi ei gladdu'n ddirgelaidd yn y nos. Gofal am yr anifeiliaid ddeuai gyntaf wrth reswm, ac weithiau, os byddai'r tywydd yn edrych fel pe na bai am glirio cawn fynd efo fy nhad i dorri eiddew i'r defaid. Ôl traed ar yr eira gwyn cyntaf yn y bore, a cheisio adnabod yr olion. Printiadau mân, mân robin goch ac adar y tô, rhai mwy y piod a'r brain, a phob un fel petaent wedi bod yn prysuro ar draws ei gilydd. Ôl pawennau cathod a'r hen ast Penni ac ôl traed fy nhad yn mynd a dod ar draws y buarth. Staen melyn lle byddai anifail wedi gwneud dŵr ar yr eira, a bargodion o'r landerydd. wedi ffurfio tyllau bychain crynion.

Mae'n ddydd Sadwrn yng nghanol mis Rhagfyr ac yr wyf yn cael fy mhen-blwydd, ac wedi gwahodd ffrindiau i ddod i dê. Dechreua'r plu ddisgyn yn fuan ar ôl cinio, ac fel y llusga'r p'nawn yn ei flaen, dechreuaf anobeithio. Pwy ddaw ar eira i le cyn belled? Safaf ar ben y fainc lechen wrth ddrws y tŷ, i edrych os oes olwg o rywun yn dod. Daw'r pen cyntaf i'r golwg, yna un arall ac un arall ac ar ôl yr holl ofni, cefais de-parti heb ei fath a phawb wedi magu stumog wrth gerdded trwy'r eira! Ar ôl i ni fwyta cawsom lapio'n gynnes a mynd allan efo fy nhad i'r eira. Cychwynnodd rowlio caseg eira anferth i ni, a hwnnw oedd y pen-blwydd gorau un! Cododd lleuad fawr wen i wenu ar y cwbl.

Mae atgofion am Nadoligau yn codi i'r wyneb, heb fod mewn trefn yn y byd.

Hosan ar wely, a goliwog a llyfr. Dol nad oedd arnaf ei heisiau. "Californian Poppy" drewllyd Santa Clôs y capel, a lwyddo i dorri'r botel yn llechwraidd, nes bod y tŷ yn drewi fel gwâl ffwlbart, neu barlwr hwren! Mynd i'r dref efo mam, a hithau ar binnau, eisiau nôl yr anrheg yr oedd wedi ei archebu i mi yn rhyw siop. Ofn cyfaddef nad oeddwn yn coelio yn yr "hen Santa", rhag ofn i mi beidio a chael dim.

Mam a minnau wedi ein cloi ein hunain allan un noswyl Nadolig ac wedi mynd i eistedd i glydwch y beudy i aros i nhad ddod o rywle efo'r 'goriad. Eistedd ar y stolion yn y tywyllwch, swatio'n gynnes wrth ochr mam, a dechrau mynd yn swrth wrth wrando anadliad a sŵn cnoi cïl y gwartheg, a'r cathod wedi dod fesul un o lech i lwyn, i rwbio yn ein coesau yn y tywyllwch a chanu grwndi dros bob man. *Meddwl am Mair a Joseff yn y stabal honno, a'r Crist bach yn y gwair crâs. Mwynhau bod felly.*

Mae yn fy mhen ddarluniau lu, ond pe'r awn i chwilio am y bobl yn y lluniau, ni allwn eu canfod, dim ond eu hadleisiau. Meddwl am gyfnodau bywyd wrth gofio tymhorau natur.

Rywle, heb fod ymhell, uwchben cartref fy nhad ym Mryn Ifan, a man fy ngeni innau, yn y Buarthau mae yna lecyn a alwn yn Ben-y-garreg, ac yno, ar ddydd glâs, pe bai fy nyddiau wedi eu rhifo, y dymunwn eistedd. Gallwn droi fy mhen i bob cyfeiriad, i ddal yr adleisiau i gyd: neu gallwn orwedd ar fy hyd i'w derbyn, yn dod ar enfysau amryliw, draw dros y mynydd o Nant y Betws, dros war Mynyddfawr ac i lawr dros goed Nant yr Hafod, a'r afon Llifon, i ymuno â'r adleisiau araill sy'n codi o figwyn Eifionydd. Dônt o'r Graig Goch a Thai-duon a llithrant i'r clyw dros Gae Crïn a Hengwm, Bryscyni, Maesog a Bryn Ifan, cyn llithro bleth-ymbleth i lawr Gallt Mur-sant i'r môr glâs, i lifo draw tua Phorthdinllaen, draw dros Gaer Arianrhod neu i geg y Fenai, cyn diflannu dros y twyni i Fôn.

Darluniau ar fwclis sgleiniog a lleisiau ar enfysau yn un sbloet ogoneddus na all neb ond fi eu gweld a'u clywed. Dônt ar fysedd o liw a goleuni llachar, i gyfeiliant llu o adar.

Rhain yw fy noe a'm hechdoe: rhain yw'r medd-dod y byddwn yn fodlon mynd o'r byd yn eu sŵn.